COMMENTAIRE

DE

LA LOI DU 27 FÉVRIER 1880

SUR

L'ALIÉNATION DES VALEURS MOBILIÈRES

APPARTENANT AUX MINEURS ET INTERDITS

ET

LA CONVERSION DE CES VALEURS

PAR

AMBROISE BUCHÈRE

CONSEILLER A LA COUR D'APPEL DE PARIS

PARIS

CHEVALIER-MARESCQ, LIBRAIRE-ÉDITEUR

20, RUE SOUFFLOT, 20

GUILLARD-AILLAUD ET Cᵉ, LIBRAIRES

47, RUE SAINT-ANDRÉ DES ARTS, 47

1882

COMMENTAIRE DE LA LOI DU 27 FÉVRIER 1880

COMMENTAIRE

DE

LA LOI DU 27 FÉVRIER 1880

SUR

L'ALIÉNATION DES VALEURS MOBILIÈRES

APPARTENANT AUX MINEURS ET INTERDITS

ET

LA CONVERSION DE CES VALEURS

PAR

AMBROISE BUCHÈRE

CONSEILLER A LA COUR D'APPEL DE PARIS

PARIS

CHEVALIER-MARESCQ, LIBRAIRE-ÉDITEUR

20, RUE SOUFFLOT, 20

GUILLARD-AILLAUD ET Ce, LIBRAIRES

47, RUE SAINT-ANDRÉ DES ARTS, 47

—

1882

COMMENTAIRE DE LA LOI DU 27 FÉVRIER 1880.

DE L'ALIÉNATION

DES VALEURS MOBILIÈRES APPARTENANT AUX MINEURS OU INTERDITS, ET DE LA CONVERSION DES TITRES REPRÉSENTANT CES VALEURS.

PROLÉGOMÈNES.

SOMMAIRE :

1. But et origine de la tutelle.
2. De l'administration du tuteur.
3. Silence du Code sur l'aliénation des meubles incorporels.
4. Règles spéciales pour la vente des rentes inférieures à 50 francs.
5. Abus résultant du silence du Code civil.
6. Présentation du projet de loi.
7. Utilité de la loi nouvelle. Plan de ce commentaire.

1. Dans tous les pays civilisés, et aux époques les plus anciennes, les législateurs qui ont posé les règles servant de base à la constitution de la famille et de la propriété, ont reconnu la nécessité d'accorder une protection particulière à ceux qui, en raison de leur âge ou de la débilité de leur intelligence, ne sont pas en état de défendre leurs droits ou de les exercer d'une manière complète. Telle est l'origine et le principe de la tutelle, qui soumet les mineurs ou ceux qui, en raison de l'état de leur intelligence, ont été frappés d'interdiction, à un régime exceptionnel, basé sur la faiblesse présumée de leur raison ou de leur volonté qui a semblé de nature à compromettre leurs intérêts. Les dispositions qui les concernent

ont pour conséquence, d'une part, de restreindre leur capacité juridique et, de l'autre, de les entourer de certaines mesures protectrices que leur situation peut rendre nécessaires.

2. En ce qui concerne la fortune personnelle de ces incapables, seul point dont nous ayons à nous occuper ici, le Code civil, s'inspirant des législations antérieures et des règles admises par les différentes coutumes qui régissaient autrefois la France, a déterminé avec soin les pouvoirs des tuteurs et les limites de leur administration. Il n'a point paru suffisant de leur imposer le devoir de constater l'importance des biens appartenant aux mineurs ou interdits. Les rédacteurs du Code ont voulu sauvegarder la fortune immobilière de ces incapables, et ils ont entouré de formalités protectrices l'aliénation de leurs immeubles. Les art. 457 et suivants défendent au tuteur, même au père ou à la mère, d'emprunter pour le mineur, d'aliéner ou d'hypothéquer ses biens immeubles sans une autorisation du conseil de famille, qui ne doit être accordée que pour cause de nécessité absolue, ou en cas d'avantage évident. L'avis du conseil de famille doit être soumis à l'homologation du tribunal, et la vente ne peut être faite qu'après l'accomplissement de formalités déterminées par la loi (art. 958 et suiv. C. pr. civ.), qui ont paru nécessaires pour donner une sérieuse garantie de la sincérité de l'aliénation. L'interdit étant assimilé au mineur pour ce qui concerne sa personne et ses biens, l'aliénation de ses immeubles est soumise aux mêmes formes légales.

3. A l'époque de la promulgation du Code civil, la fortune mobilière n'avait aucune importance. Elle comprenait presque exclusivement les meubles meublants que le tuteur peut se faire autoriser à conserver en nature dans l'intérêt du mineur, ou qu'il doit vendre aux enchères, en présence du subrogé tuteur. Aucune règle ne fut prescrite à l'égard des meubles incorporels, dont l'aliénation peut cependant modifier d'une manière notable la situation de fortune des mineurs, et auxquels il est souvent difficile d'appliquer les formalités indiquées pour la vente des meubles ordinaires. Les règles concernant l'aliénation du mobilier seraient d'ailleurs insuffisantes pour protéger les incapables, la loi n'ayant attaché aucune importance au résultat d'une vente qui ne devait s'appliquer qu'à des objets de minime valeur. Le prix en est versé

entre les mains du tuteur, sans qu'aucune mesure soit prise pour prévenir la dilapidation de la part d'un tuteur infidèle, des deniers qui peuvent en provenir.

Certains auteurs, frappés des inconvénients que pouvait présenter l'application des règles concernant la vente des meubles appartenant aux mineurs, à l'aliénation des meubles incorporels, ont soutenu que la vente de ces valeurs dépassait les pouvoirs d'administration dévolus au tuteur, et que, d'après l'esprit de la loi, elle ne pouvait pas avoir lieu sans une autorisation du conseil de famille (1). Mais cette opinion, qui ne s'appuyait sur aucun texte de loi, n'a point prévalu, et elle a été repoussée par la jurisprudence constante du tribunal de la Seine (2). Il est arrivé fréquemment que le tuteur, chargé de l'administration d'une fortune mobilière considérable appartenant à son pupille, hésitait à en aliéner certains titres, lors même que l'intérêt du mineur exigeait cette aliénation. Il cherchait dans ce cas à couvrir sa responsabilité personnelle, en demandant l'autorisation du conseil de famille, dont il réclamait ensuite l'homologation. Les tribunaux ont toujours refusé cette homologation, en se fondant sur ce que l'intervention du conseil de famille était inutile et sans objet.

4. La législation n'était cependant pas absolument muette, en ce qui concernait certains meubles incorporels. Peu de temps après la promulgation du Code civil, les titres de rentes sur l'Etat, considérés comme offrant un placement de toute sécurité, avaient paru pouvoir constituer une partie sérieuse de la fortune des mineurs. Plus tard, l'essor que prit rapidement le grand établissement financier, créé sous le nom de Banque de France, présenta également des placements d'une sûreté absolue.

On comprit qu'il était nécessaire de sauvegarder d'une manière spéciale la propriété de ces valeurs entre les mains des

(1) V. en ce sens Proudhon, *Etat des pers.*, t. II, p. 221 ; Magnin, *Tr. des minorités*, t. I, n° 665 ; Ducaurroy, Bonnier et Roustain, t. I, n° 653 ; Duranton, t. III, n° 555 ; Cass., 12 décembre 1855, S. V. 56, 1, 97 ; D. P. 56, 1, 18 ; Douai, 28 juin 1843, S. V. 43, 2, 586 ; Saint-Denis de la Réunion, 25 mai 1866, S. V. 70, 1, 65.

(2) Trib. Seine, 14 janvier 1859 ; Bioche, *Journ. pr.*, n° 6870 ; Trib. Seine, *Ch. du cons.*, 28 décembre 1849 ; 8 janvier 1851, 9 décembre 1852, 4 janvier 1854 ; Bertin, *Ch. du cons.*, t. I, p. 506 ; Anal. Cass., 4 août 1873, S. V. 73, 1, 441 ; D. P. 75, 5, 468 ; Aubry et Rau, t. I, § 113, p. 459 ; Demolombe, *Tutelle*, t. I, n° 572 ; Massé et Vergé, t. I, § 224, p. 433, et notre *Traité des val. mob.*, 2e édit., n° 399.

mineurs et des interdits, et personne ne songea à les assimiler aux meubles corporels. La loi du 24 mars 1806 défendit aux tuteurs et curateurs de vendre, sans autorisation du conseil de famille, aucune inscription de rente sur l'Etat supérieure à la somme de 50 francs. Elle leur permit, au contraire, d'une manière expresse de faire cette aliénation sans aucune autorisation, lorsque les inscriptions des mineurs ou des interdits ne représenteraient qu'une somme de 50 francs de rente et au-dessous. Cette règle fut déclarée applicable aux mineurs émancipés. La vente devait dans tous les cas être faite au cours du jour légalement constaté. Plus tard, un décret du 25 septembre 1813 déclara la loi du 24 mars 1806 applicable aux mineurs ou interdits propriétaires d'actions ou de portions d'actions de la Banque de France, et permit aux tuteurs de procéder à la vente de ces valeurs sans autorisation du conseil de famille, lorsque ces incapables ne posséderaient qu'une seule action, ou un droit dans plusieurs actions n'excédant pas en totalité une action entière.

5. Ces lois spéciales ne pouvaient pas être étendues par analogie à d'autres titres, et cependant la propriété mobilière s'était accrue dans une proportion considérable, et sous les formes les plus diverses. Chaque jour les abus les plus criants étaient signalés; certains tuteurs se plaignaient de la responsabilité qui pouvait les atteindre. D'autres, moins honnêtes, ne craignaient point de se servir, dans leur intérêt personnel, des titres appartenant à leurs pupilles, au risque de voir s'anéantir entre leurs mains la fortune des mineurs. Si les titres étaient nominatifs et s'ils redoutaient quelques difficultés de la part des compagnies émissionnaires, ils s'empressaient de les convertir en titres au porteur. Les capitaux provenant des aliénations de ces valeurs étaient ainsi employés aux opérations de commerce et quelquefois aux spéculaations hasardeuses des tuteurs.

La garantie que les rédacteurs du Code civil avaient cru trouver dans l'hypothèque légale qui doit grever les immeubles des tuteurs, devenait souvent illusoire, ceux-ci ne possédant qu'une fortune mobilière livrée à tous les hasards du commerce ou de l'industrie. Il devenait indispensable de mettre fin à cette situation qui présentait des dangers sérieux pour la fortune des mineurs et des interdits, et le seul moyen était de régler par une disposition législative les droits et les devoirs du tuteur en ce qui concerne l'aliénation et la conversion des valeurs mobilières appartenant à leurs pupilles.

6. Le gouvernement comprit que le patrimoine des mineurs et des interdits ne devait pas rester exposé aux périls d'une gestion aventureuse ou infidèle. Des exemples nombreux avaient démontré qu'il était urgent de combler sur ce point les lacunes de notre législation. M. le garde des sceaux présenta, le 9 novembre 1876, à la Chambre des députés, un projet de loi en cinq articles qui défendait aux tuteurs des mineurs et interdits de vendre, sans autorisation du conseil de famille, les rentes, actions, obligations ou droits incorporels de toute nature appartenant à leurs pupilles. La conversion des titres nominatifs en titres au porteur était soumise, par l'art. 4 de ce projet, aux mêmes conditions et formalités que leur aliénation. De plus, le tuteur était tenu, dans les six mois de l'ouverture de la tutelle ou de l'attribution des valeurs mobilières au profit des mineurs, de convertir les titres au porteur en titres nominatifs (1).

Le dépôt de ce projet fut accompagné d'un exposé des motifs qui faisait ressortir la nécessité d'exiger que tous les titres des incapables fussent inscrits à leur nom, pour échapper aux craintes et aux préoccupations que soulevait sur ce point la jurisprudence de la Cour de cassation. Il avait été, en effet, décidé, par plusieurs arrêts de la Cour suprême, que la conversion des titres nominatifs en titres au porteur ne constituait qu'un acte d'administration que le tuteur pouvait accomplir seul, sans l'autorisation du conseil de famille (2). La conséquence de cette décision était de rendre facile l'aliénation des valeurs des incapables, au moyen d'une conversion préalable. Cette jurisprudence avait ému la Chambre des notaires de Paris et certaines grandes compagnies, qui avaient fait parvenir au ministre de la justice l'expression de leurs inquiétudes. Le projet de loi présenté eut pour objet d'y mettre fin par une disposition législative expresse sur ce point.

Les préoccupations politiques empêchèrent la Chambre des députés de s'occuper de cette proposition, qui présentait ce-

(1) V. ce projet de loi et l'exposé des motifs; Bioche, *Journ. pr.*, année 1876, n° 10759.

(2) Paris, 11 décembre 1871, S. V. 71, 2, 249; Cass., 4 août 1873, S. V. 73, 1, 441; Anal. Cass., 15 juin 1876, S. V. 76, 1, 344. Conf. Laurent, *Princ. du droit civil*, t. XXII, p. 304.

pendant un caractère d'urgence et d'utilité incontestable. Le projet du gouvernement, resta plus d'une année sans examen, et fut de nouveau déposé au Sénat le 12 janvier 1878. Il fut l'objet d'un rapport de la commission, suivi d'une double délibération dans le courant de l'année 1878; mais, par suite de modifications importantes apportées au cours des discussions soit au Sénat. soit plus tard à la Chambre des députés, il ne fut définitivement converti en loi qu'au mois de février 1880.

7. L'utilité de la loi nouvelle pour la protection des droits et de la fortune mobilière des mineurs et des interdits n'est contestée par personne. Mais pour bien en comprendre la portée et restreindre son application dans les limites où elle a été adoptée, il importe d'en étudier avec soin les dispositions et de préciser la volonté du législateur, révélée par les rapports déposés devant les deux Chambres et par les discussions auxquelles ils ont donné lieu.

Le projet présenté par le gouvernement a reçu une certaine extension. En dehors des dispositions relatives à l'aliénation et à la conversion des valeurs mobilières et des droits incorporels appartenant aux mineurs et interdits, la loi impose certains devoirs aux tuteurs pour l'emploi des capitaux de ces incapables, et détermine la surveillance du subrogé tuteur. Elle a de plus abrogé, d'une manière expresse, la loi du 24 mars 1806 et le décret du 25 septembre 1813. Pour faciliter l'étude de ces dispositions, nous examinerons successivement : 1° les règles relatives à l'aliénation des valeurs mobilières; 2° celles concernant la conversion de ces valeurs ; 3° les devoirs imposés aux tuteurs pour l'emploi des capitaux. Nous rechercherons, dans un dernier chapitre, à quelles personnes s'appliquent les prescriptions de la loi et quelles en sont les conséquences.

CHAPITRE PREMIER.

DE L'ALIÉNATION DES VALEURS MOBILIÈRES OU AUTRES MEUBLES INCORPORELS.

—

SOMMAIRE :

8. Restriction des pouvoirs du tuteur pour l'aliénation des biens du mineur.
9. Objet principal de la loi du 27 février 1880.
10. Distinction entre l'aliénation des meubles incorporels et celle des immeubles.
11. Liberté d'action laissée au conseil de famille; nécessité de motiver ses délibérations.
12. Objections soulevées contre le principe de la loi.
13. Examen de ces objections.
14. La loi s'étend à toutes les valeurs, même les plus minimes.
15. Abrogation de la loi du 24 mars 1806 et du décret du 23 septembre 1813.
16. Amendement de M. Bernier sur ce point.
17. Rejet de cet amendement.
18. Conséquences de ce rejet.
19. Nullité de l'aliénation faite sans autorisation.
20. Durée de l'action en nullité.
21. Effets de cette nullité vis-à-vis des tiers. Les dangers en sont atténués par les autres dispositions de la loi.
22. Suite.
23. Mesures qui doivent être prescrites par le conseil de famille.
24. Les tiers sont-ils responsables de l'emploi ?
25. Le conseil de famille peut-il charger quelqu'un de surveiller cet emploi?
26. Application de la loi au père, tuteur légal du mineur.
27. Amendement de M. de Gavardie.
28. Rejet de cet amendement.
29. La loi est applicable même en cas d'intérêt commun entre le père tuteur et ses enfants mineurs.
30. Elle est sans application si les valeurs sont indivises entre majeurs et mineurs.
31. La part des mineurs doit être déterminée par un partage antérieur.

32. Formes à suivre s'il y a urgence de vendre des valeurs indivises.
33. La loi n'est pas applicable au père administrateur légal des biens de ses enfants mineurs.
34. Amendement proposé par M. Gazagne. Décision prise par le Trésor, pour la vente des rentes sur l'Etat.
35. Aliénation des créances, fonds de commerce et autres meubles incorporels.
36. Vente d'un office appartenant au mineur.
37. Homologation de la délibération du conseil de famille.
38. Amendement proposé par M. de Gavardie.
39. Amendement de M. Jules Favre.
40. Modification de l'art. 2 par la commission du Sénat.
41. Vote définitif de cet article à la Chambre des députés.
42. Appréciation laissée au conseil de famille. Elle est restreinte à la valeur des titres à aliéner.
43. Il importe peu que cette appréciation soit démentie par le cours des valeurs au jour de la négociation.
44. Utilité de faire énoncer dans la délibération qu'il y a lieu ou non à homologation.
45. *Quid* si l'appréciation était évidemment frauduleuse.
46. En cas de vente de titres communs à diverses personnes, la nécessité de l'homologation est déterminée par l'appréciation de la part appartenant au mineur.
47. Le tribunal peut-il modifier les mesures prescrites par le conseil de famille?
48. Réserve expresse de l'application de l'art. 883 C. pr. civ.
49. Compétence des tribunaux qui doivent être saisis de la demande d'homologation.
50. Les jugements d'homologation ne sont pas susceptibles d'appel.
51. De même de ceux rendus sur les pourvois formés contre les délibérations.
52. L'aliénation des valeurs de Bourse est faite par le ministère d'agents de change.
53. Le mode de vente des autres valeurs est déterminé par le conseil de famille.
54. Application de la loi au mineur émancipé. Renvoi.

8. Le Code civil a déterminé avec précision, dans une section spéciale (art. 450 à 468), les règles concernant l'administration des tuteurs. En principe, le tuteur, n'étant chargé que de gérer et administrer les biens du mineur, et d'en toucher les revenus annuels, n'a pas le droit d'en disposer. S'il est nécessaire de procéder à l'aliénation de quelques-uns de ces

biens, comme cette opération excède les limites de ses pouvoirs, le tuteur doit, avant de la réaliser, solliciter l'autorisation du conseil de famille. Cependant, les rédacteurs du Code ont cru qu'il pouvait être dérogé à ce principe, lorsqu'il s'agit de valeurs sans importance. Pourquoi auraient-ils exigé des formalités longues et coûteuses pour l'aliénation de meubles qui, dans la plupart des cas, comptaient à peine dans la fortune du mineur ? Cette considération a déterminé la rédaction de l'art. 452, qui déclare qu'après la clôture de l'inventaire, le tuteur fera vendre aux enchères, et par un officier public, après affiches et publications, tous les meubles autres que ceux que le conseil de famille l'aura autorisé à conserver.

Cette disposition devait-elle s'appliquer aux meubles incorporels, créances, titres de rentes, actions ou obligations dans les sociétés financières ou industrielles? La question pouvait à peine être soutenue en présence des termes de l'art. 452. Les formalités qu'il prescrit, la nécessité de vendre aux enchères après apposition d'affiches et publications judiciaires, indiquent suffisamment que, dans la pensée de ses rédacteurs, il s'appliquait uniquement aux meubles meublants. Aussi, malgré certaines dissidences, la doctrine et la jurisprudence avaient reconnu que cet article était inapplicable aux meubles incorporels, et qu'aucune condition n'était imposée au tuteur pour l'aliénation de ces valeurs. Le mutisme du Code civil qui avait pour conséquence de laisser au tuteur le droit de disposer de certains titres, bien qu'il n'ait que des pouvoirs de simple administration, s'explique facilement, lorsqu'on se reporte à l'époque où le Code a été discuté et promulgué. Les valeurs mobilières, extrêmement rares à ce moment, ne pouvaient représenter qu'une part insignifiante de la fortune des mineurs, et il a semblé inutile d'assujettir leur aliénation à des formalités plus onéreuses que profitables.

9. La loi du 27 février 1880 n'a point pour objet de modifier les principes posés par le Code civil, mais seulement de les compléter ou plutôt de ramener les tuteurs à leur exécution, en restreignant leurs pouvoirs sur les meubles incorporels et valeurs mobilières dont l'importance est aujourd'hui considérable, au droit de simple administration qui leur a été accordé sur tous les biens des mineurs. A l'avenir ces meubles, d'une nature spéciale, sont assimilés aux immeubles, en ce sens du

moins que le tuteur ne peut plus en disposer sans l'autorisation du conseil de famille. Telle est la disposition formelle de l'art. 1er dont le principe ne peut soulever aucune difficulté.

« Le tuteur, dit cet article, ne pourra aliéner, sans y être autorisé par le conseil de famille, les rentes, actions, parts d'intérêts, obligations, ou autres meubles incorporels quelconques appartenant au mineur ou à l'interdit. »

L'utilité de cette prohibition n'a pas été sérieusement contestée lors de la présentation du projet de loi devant les Chambres. Tout le monde a reconnu que cet article de la loi venait combler une lacune de la législation. On ne devait pas permettre au tuteur de disposer à son gré de valeurs qui pouvaient avoir une importance considérable, et représenter la plus grande partie du patrimoine du mineur, alors qu'il lui est défendu d'aliéner une parcelle de terre, quelque minime qu'elle soit, sans une autorisation du conseil de famille homologuée par le tribunal.

10. Mais il ne fallait pas frapper ces valeurs d'indisponibilité ; et dès lors, elles ne devaient pas être complètement assimilées aux immeubles, même au point de vue de l'autorisation du conseil de famille. Lorsqu'il s'agit d'une maison, d'une ferme ou d'une parcelle de terre, le tuteur ne propose en général l'aliénation qu'en raison des besoins du mineur. La famille est consultée sur la nécessité de cette aliénation. Pour les valeurs mobilières, au contraire, il peut y avoir intérêt à vendre certains titres, avec l'intention de faire immédiatement un autre placement de même nature, qui semble plus avantageux. Dans quelques circonstances, le tuteur peut craindre la dépréciation des titres par suite de nouvelles plus ou moins alarmantes sur la situation de la société qui les a émis. D'autres fois, une compagnie ou un établissement financier annonce l'émission de nouveaux titres, en accordant un droit de préférence aux propriétaires des anciens, et il peut y avoir un intérêt considérable à entrer dans la combinaison nouvelle, de manière à équilibrer la valeur des titres que possède le mineur. Si le tuteur n'a point entre les mains les capitaux nécessaires, il est indispensable, pour se les procurer, de vendre un certain nombre d'actions ou d'obligations, dont le prix sera employé à l'acquisition de valeurs identiques de la nouvelle émission.

11. Ces considérations ont déterminé les rédacteurs de la

loi du 27 février 1880 à se montrer moins sévères pour l'aliénation des titres mobiliers que pour celle des immeubles appartenant au mineur. Il suffit pour s'en convaincre de comparer le texte de l'art. 457 du Code civil avec celui de l'art. 1er de la loi nouvelle. Dans le cas où le tuteur veut aliéner un immeuble, l'autorisation ne doit être accordée par le conseil de famille que pour cause d'une nécessité absolue ou d'un avantage évident, et dans le premier cas, après qu'il a été constaté par un compte sommaire présenté par le tuteur que les deniers, effets mobiliers et revenus du mineur sont insuffisants (art. 457 C. civ.). Aucune de ces conditions n'est imposée lorsque le tuteur demande au conseil de famille d'autoriser la vente d'un meuble incorporel; la loi s'en rapporte à la prudence de ce conseil.

« Quelle autorité pouvait être utilement choisie, disait le « rapporteur de la commission du Sénat, pour apprécier l'opportunité de la mesure de l'aliénation ou de toutes autres qui « pourraient être jugées nécessaires? Nous avons pensé, avec le « gouvernement, que le conseil de famille pouvait et devait être « seul investi d'une mission de cette nature, et nous croyons « superflu d'en donner les motifs; car vous savez déjà dans « combien de cas nombreux et importants le conseil de famille intervient avec l'autorité légitime qui lui appar« tient (1). »

Ainsi, le conseil de famille est le maître absolu de sa décision. Il pourra accorder son autorisation toutes les fois qu'il croira que l'aliénation est utile aux intérêts du mineur, sans être obligé de baser sa décision sur la situation pécuniaire de ce dernier, ou sur une nécessité absolue justifiée par la présentation des comptes du tuteur. Toutefois, il est utile que cette décision soit motivée. Elle est en effet soumise dans un grand nombre de cas, ainsi que nous le dirons, à l'homologation du tribunal, qui peut avoir besoin de connaître les raisons qui ont déterminé le conseil de famille et qui sont de nature à entraîner sa détermination. Les dispositions de l'art. 883 du Code de procédure civile, qui permettent de se pourvoir contre les délibérations du conseil de famille, sont d'ailleurs applicables aux autorisations dont s'agit, et cet article déclare que

(1) Premier rapport de M. Denormandie au Sénat, *Journal officiel*, 7 mai 1878.

lorsque la délibération du conseil de famille n'est pas unanime, l'avis de chacun des membres doit être mentionné au procès-verbal.

12. Bien que la nécessité de soumettre à certaines formalités protectrices l'aliénation des valeurs mobilières appartenant aux mineurs et aux interdits fût généralement reconnue, le principe de la loi a cependant soulevé certaines objections. Malgré l'importance incontestable obtenue à notre époque par les titres incorporels qui représentent la fortune mobilière, était-il bon de les assimiler en quelque sorte aux immeubles, lorsque ces titres sont la propriété de personnes incapables ? N'arriverait-on pas ainsi à porter atteinte à leur circulation, et à entraver leur développement si utile au commerce et à l'industrie nationale? « Il y a, disait M. de Gavardie au Sénat, un lien mystérieux mais très réel entre toutes les choses d'ordre moral et d'ordre matériel, et il est arrivé, que l'aliénation des valeurs mobilières n'ayant pas trouvé d'entraves dans la législation, et ayant été laissée absolument libre, ces valeurs ont pris un développement dont on ne peut méconnaître les salutaires effets (1). »

Cette objection n'est point sérieuse ; sans doute, s'il s'agissait de soumettre toutes les cessions de valeurs mobilières à des formalités rigoureuses, on pourrait craindre que la transmission de ces titres n'éprouvât une atteinte de nature à réagir sur leur développement ; mais la loi ne s'occupe que des titres appartenant aux mineurs et aux interdits, qui doivent constituer des placements de tout repos et rester en dehors de la circulation journalière qui est la conséquence des spéculations, et qui répond aux besoins du commerce ; leur aliénation peut être considérée comme un fait exceptionnel ; les entraves qui y sont apportées par la loi n'auront donc aucun effet sur le développement de la fortune mobilière.

13. D'autres objections plus graves ont été présentées. D'une part, il peut être, dans certaines circonstances, pénible pour le père de famille, tuteur légal de ses enfants mineurs, d'appeler sur les secrets de ses affaires domestiques, sur les raisons qui nécessitent l'aliénation de valeurs mobilières, l'attention de parents éloignés ou d'amis n'ayant quelquefois que des relations lointaines avec la famille du mineur. D'autre part,

(1) Séance du Sénat, 24 mai 1878. *Journal officiel*, 25 mai.

lorsqu'il s'agit de la vente de titres de minime valeur, est-il bien utile de prescrire l'emploi de formalités lentes et coûteuses, qui peuvent être préjudiciables aux mineurs eux-mêmes, en empêchant le tuteur de réaliser la vente dans un moment opportun, et en grevant son produit des frais qui deviennent nécessaires?

La première partie de ces objections est repoussée par l'objet même que se propose la loi. Son but est précisément de protéger la fortune des mineurs, dans le cas où la situation des affaires du tuteur peut entraîner, de la part de ce dernier, des aliénations compromettantes. Si le tuteur a quelques motifs de dissimuler aux membres du conseil de famille le secret de ses affaires domestiques, il n'en peut pas être de même en ce qui touche le règlement des intérêts du mineur. Quant aux lenteurs et aux frais qui résulteront de l'accomplissement des formalités prescrites par la loi, ils peuvent être regrettables; mais l'intérêt général des mineurs et des interdits ne permettait pas de s'arrêter à cette objection, qui n'a d'ailleurs de portée que dans des circonstances exceptionnelles. et lorsqu'il s'agit de l'aliénation de titres de minime valeur. La question a été sérieusement examinée, à ce point de vue, lors de la discussion de la loi, et il est utile de faire connaître le résultat de cet examen.

14. Dès l'origine de ses travaux, la commission du Sénat s'est demandé s'il y avait lieu d'exiger l'autorisation du conseil de famille pour l'aliénation de toutes les valeurs du mineur, quelque minine que soit leur importance. Le projet du gouvernement était absolu et exigeait l'autorisation pour *toute aliénation.* N'était-il pas préférable, dans l'intérêt des petits patrimoines, de suivre les précédents établis par la loi du 24 mars 1806 et par le décret du 25 septembre 1813, concernant l'aliénation des rentes sur l'Etat inférieures à 50 francs, et celle d'une action de la Banque de France?

« Après un long examen, a dit le rapporteur, nous avons dû renoncer à l'application de cette idée. Si elle avait été admise en principe, à quelle somme fallait-il laisser compétence au tuteur seul? Etait-ce 300 francs, 500 francs, 1,000 francs? Ces divers chiffres ont été discutés. Mais si la valeur à aliéner dépassait un peu la limite fixée par la loi, le tuteur aurait donc été obligé, par la loi même, de ne pas donner suite à une pensée utile conçue par lui personnellement? Si encore il ne s'agissait jamais que de valeurs cotées et par conséquent connues? mais souvent il s'agirait de droits, d'intérêts, de valeurs dont l'importance serait absolument ignorée, de participations dans des sociétés civiles, d'association avec un tiers. L'importance réelle étant inconnue, le tuteur ne pourrait prendre sur lui quoi que ce soit, ou si le tuteur, étant homme d'initiative, estimait que la valeur à aliéner ne dépassait pas la valeur prévue et se décidait à vendre, il rencontrerait un refus de concours de la part de l'officier ministériel chargé de l'opération, et qui, ne partageant pas ses appréciations, n'aurait aucune raison de partager sa responsabilité... Nous ne nous dissimulons pas que cette disposition paraîtra peut-être rigoureuse, et que quelques personnes pourront regretter que le tuteur n'ait point une certaine liberté pour les petits intérêts, mais c'est précisément là ce qui a préoccupé votre commission. Il lui a semblé que plus le patrimoine était minime, plus il était indispensable qu'il fût absolument et très sûrement protégé (1). »

15. Ces considérations ont déterminé le Sénat à étendre la loi à toutes les valeurs mobilières, et à tous les droits incorporels, quelque minime qu'en soit l'importance. La conséquence devait être l'abrogation de la loi du 24 mars 1806 et du décret du 25 septembre 1813, aucun motif ne permettant d'excepter les rentes inférieures à 50 francs ou les portions d'actions de la Banque, d'une disposition générale reconnue utile aux intérêts des mineurs. Aussi, un article spécial fut ajouté par la commission au projet présenté par le gouvernement, pour prononcer cette abrogation d'une manière expresse (2).

16. La question se présenta de nouveau devant la Chambre des députés. Au cours de la seconde délibération devant cette Chambre, M. Bernier proposa un amendement ayant pour objet de maintenir les dispositions de la loi du 24 mars 1806 et du décret du 25 septembre 1813, et de les étendre aux titres d'actions ou d'obligations des sociétés financières, commerciales ou industrielles cotées à la Bourse, qui n'excéderaient pas au total une valeur de 1,200 francs pour chaque nature d'action ou d'obligation. L'auteur de cet amendement s'appuyait principalement sur la nécessité d'éviter pour les alié-

(1) Premier rapport de M. Denormandie au Sénat. S. V. *Lois ann.*, 1880, p. 547, note 1.
(2) Loi 27 février 1880, art. 12.

nations de minime valeur les frais qu'entraîne la réunion d'un conseil de famille. Aujourd'hui les valeurs mobilières sont répandues sur tout le territoire. Les habitants des campagnes possèdent des inscriptions de rente de 10, de 15, de 20 francs, des obligations d'une valeur moyenne de 300 francs. Lorsqu'ils voudront réaliser ces petites valeurs attribuées à un mineur dans la succession de son père ou de sa mère, ils seront obligés de payer des frais qui s'élèveront au minimum à 40 ou 50 francs, sans compter les déplacements nécessaires pour la réunion des membres du conseil de famille.

La pensée qui inspirait M. Bernier était certainement équitable, et la Chambre des députés eût sans doute admis l'amendement qui lui était proposé, si elle n'avait pas été arrêtée par la crainte d'anéantir le principe même de la loi, et de la rendre sans effet. Un grand nombre d'actions ou d'obligations cotées à la Bourse ne dépassent pas la valeur de 1,200 francs. Lorsque le mineur serait possesseur de 20 actions de même nature, comprenant 20 titres différents, dont chacun ne représenterait, d'après le cours de la Bourse, qu'une valeur inférieure à 1,200 francs, comment empêcherait-on le tuteur de vendre successivement ces valeurs, par l'intervention d'officiers ministériels différents? Comment l'agent de change chargé de la négociation pourrait-il savoir si le mineur possède d'autres titres de même nature? Il aurait fallu imposer à cet agent l'obligation de se faire représenter les inventaires, partage ou actes de liquidation établissant la propriété au profit du mineur. Les justifications qui auraient pu être réclamées dans cette hypothèse par ces officiers ministériels, soucieux de couvrir leur responsabilité personnelle, eussent été souvent plus difficiles à obtenir et peut-être aussi coûteuses qu'une délibération du conseil de famille. Il était plus simple de ne point entrer dans ces distinctions, et d'étendre les dispositions de la loi à toute aliénation des meubles incorporels appartenant au mineur.

17. L'amendement de M. Bernier fut repoussé par la commission, dont le rapporteur résumait ainsi la pensée : « Permettra-t-on au tuteur d'aliéner successivement chacun des titres? Le mineur cesserait alors d'être protégé, le tuteur pouvant faire en détail ce qu'il lui serait interdit de faire en bloc. Défendra-t-on au tuteur d'aliéner les titres du mineur, quand ces titres réunis dépasseront la somme fixée? Mais comment

empêcher ces aliénations sans se jeter dans des complications inextricables ? Il n'existe qu'un système pratique, c'est d'interdire au tuteur toute aliénation, en dehors du contrôle et du consentement du conseil de famille. Le tuteur sera ainsi placé. pour l'aliénation des valeurs mobilières, absolument sur le même pied que pour l'aliénation des immeubles. Cette prohibition ne présente pas d'ailleurs d'inconvénients sérieux, puisque la conservation des valeurs mobilières appartenant aux mineurs doit être la règle, et leur aliénation, une exception qui ne doit intervenir qu'en cas d'absolue nécessité, c'est-à-dire fort rarement (1). »

Quant aux frais nécessités par la réunion du conseil de famille, ils pourront, dans bien des cas, être évités, lorsqu'il y aura des dettes à payer et que le mineur ne possédera que des valeurs de minime importance. Au moment de la réunion du premier conseil de famille, nécessaire pour la nomination du tuteur, ou du subrogé tuteur s'il s'agit d'une tutelle légale, le juge de paix peut s'enquérir de la situation exacte de la fortune du mineur. Si l'on reconnaît qu'il est nécessaire d'aliéner certaines valeurs pour payer les dettes, la délibération qui nomme le tuteur ou le subrogé tuteur pourra, le plus souvent, autoriser la vente de ces valeurs, de manière à éviter les frais d'une nouvelle convocation du conseil de famille. Il est vrai qu'à ce moment, la situation pécuniaire peut n'être pas complètement connue ; mais, si ce fait est possible, lorsque l'ouverture de la tutelle met le mineur en possession d'une certaine fortune, il en est autrement dans le cas où il ne doit recueillir que des valeurs sans importance, et c'est dans cette hypothèse qu'il importe d'éviter les frais d'une seconde convocation du conseil de famille. Le juge de paix renseigné sur la position du mineur, dans le cas où il ne posséderait que des valeurs insignifiantes représentant un capital inférieur à 1.200 francs, et dont l'aliénation serait nécessaire au paiement des dettes, pourra, dans la plupart des cas, demander au conseil de famille de statuer immédiatement sur l'autorisation exigée pour cette aliénation.

18. Le rejet de l'amendement proposé par M. Bernier, et le vote de l'art. 12 de la loi qui contient l'abrogation expresse

(1) Rapport de M. Jozon, 29 mars 1879. *Journal officiel*, 7 avril 1879.

de la loi du 24 mars 1806 et du décret du 25 septembre 1813, ont tranché définitivement la question soulevée sur l'étendue et la portée de la loi. L'autorisation du conseil de famille est nécessaire pour l'aliénation des titres de rentes, des valeurs mobilières, actions ou obligations cotées ou non à la Bourse, et de tous autres meubles incorporels appartenant au mineur, quelque minime que soit la valeur représentée par ces titres. Les ventes faites par le tuteur sans cette autorisation seraient nulles, et les officiers ministériels par le ministère desquels elles auraient été réalisées, seraient responsables soit vis-à-vis des tiers, soit vis-à-vis du mineur qui en aurait éprouvé un préjudice.

19. La nullité de l'aliénation faite au mépris des dispositions de l'art. 1er de la loi du 27 février 1880, c'est-à-dire sans autorisation du conseil de famille, n'est prononcée d'une manière expresse par aucun article de cette loi. Mais elle résulte d'une manière incontestable des principes qui régissent la tutelle. La loi de 1880 se borne, dans son art. 1er, à indiquer la procédure à suivre et les conditions exigées pour l'aliénation des meubles incorporels appartenant au mineur. Elle n'avait pas à s'expliquer sur les conséquences résultant de ces prescriptions. Les règles du droit commun suffisent pour éviter toute difficulté à cet égard. Toute vente faite sans les autorisations exigées par la loi est frappée d'une nullité qui vicie l'acte lui-même, et que le mineur peut faire prononcer, sans être obligé de prouver qu'il en résulte pour lui un préjudice quelconque. Elle n'est pas seulement rescindable dans les termes de l'art. 1305 du Code civil, mais frappée d'un vice radical qui entraîne sa nullité absolue. Ce principe, reconnu par la doctrine et la jurisprudence à l'égard de la vente des immeubles appartenant aux mineurs(1), est évidemment applicable à l'aliénation des meubles incorporels qui seraient vendus sans autorisation du conseil de famille. Mais cette nullité ne pourrait pas être invoquée par l'acquéreur contre le mineur. L'inobservation des formalités prescrites dans l'intérêt de ce dernier, ne peut pas lui être opposée par les parties majeures qui ont traité avec le tuteur, sans en exiger l'accomplissement. Leur action

(1) Cass., 8 décembre 1826; Paris, 18 mars 1839, S. V. 39, 2, 178; Cass., 25 mars 1861, S. V. 61, 1, 673; Toullier, t. VI, n° 106; Troplong, *Vente*, n° 166; *contrà*, Duranton, t. X, n° 278 et suiv.

serait repoussée par les termes de l'art. 1125 du Code civil (1).

20. L'action en nullité de la vente de valeurs mobilières ou autres droits incorporels faite sans autorisation du conseil de famille, contrairement aux dispositions de la loi du 27 février 1880, est soumise à la prescription de dix ans fixée par l'article 1304 du Code civil. Cet article déclare, en effet, que toute action en nullité d'une convention dont la durée n'est pas limitée à un moindre temps dure pendant dix ans. et il fait courir ce délai, à l'égard des mineurs ou des interdits, du jour où le mineur est devenu majeur, ou de celui où l'interdiction a été levée.

On a soutenu, il est vrai, que cet article n'est applicable qu'aux actes faits par le mineur lui-même, et non à ceux consentis par le tuteur sans l'accomplissement des formalités prescrites par la loi. Mais la jurisprudence repousse avec raison ce système, qui aurait pour conséquence de laisser pendant de longues années les propriétés incertaines. Le mineur devenu majeur et qui reprend la libre disposition de sa fortune, doit surveiller ses intérêts personnels, et le délai qui lui est accordé par l'art. 1304 pour obtenir la nullité des actes consentis irrégulièrement, est suffisant pour lui permettre de sauvegarder ceux de ses droits qui auraient été compromis par le tuteur (2).

Ces considérations ont surtout une grande force, lorsqu'il s'agit de conventions relatives à des droits mobiliers, à des valeurs qui par leur nature se transmettent facilement. Il importe que les tiers ne soient pas exposés à être inquiétés dans la propriété des titres qu'ils ont achetés de bonne foi, sans savoir qu'ils ont pu appartenir à des mineurs, et être antérieurement vendus d'une manière irrégulière. Il eût été préférable que la loi de 1880 se fût expliquée à cet égard, mais en l'absence d'une disposition expresse, la durée de l'action en nullité appartenant au mineur doit être déterminée par l'art. 1304 du Code civil.

21. Les conséquences juridiques de la nullité de la vente faite par le tuteur contrairement aux dispositions de la loi du 27 février 1880, seraient de nature à altérer la confiance qu'inspirent

(1) Anal. Paris, 25 mars 1831 ; Cass., 18 février 1850, S. V. 50, 1, 273.

(2) Cass., 14 novembre 1826 ; 25 novembre 1835, S. V. 36, 1, 130 ; 7 juill. 1851, S. V. 51, 1, 641 ; 7 mars 1876, S. V. 76, 1, 291 ; Aubry et Rau, t. IV, § 339, p. 273 ; Larombière, *Oblig.*, t. IV, art. 1304, n° 46 ; Demolombe, t. VI, p. 89 ; *contrà*, Bordeaux, 21 août 1858, S. V. 58, 2, 395 ; Douai, 20 novembre 1870, S. V. 72, 2, 1 ; Rodière, *Revue de législ.*, t. V, p. 76.

les titres de valeurs mobilières, si elles exposaient les titulaires successifs aux actions judiciaires que le Code civil réserve aux mineurs pendant dix années à partir de l'époque de leur majorité. En principe, tel est le résultat possible de l'application des règles du droit commun. Mais en fait, ces recours ne seront pas à craindre, ou du moins ils seront excessivement rares. La loi nouvelle, par ses dispositions subséquentes que nous ferons connaître, prescrit la conversion, en titres nominatifs inscrits au nom du mineur ou de l'interdit, de toutes les valeurs qui leur appartiendront au moment de l'ouverture de la tutelle ou qui leur adviendront de quelque manière que ce soit depuis cette époque. Elle déclare en outre que leur aliénation ne pourra avoir lieu que par le ministère d'agent de change lorsque les valeurs seront négociables à la Bourse (1).

Il sera dès lors très rare que la cession de valeurs de cette nature, qui exige d'ailleurs, dans la plupart des cas, les formalités d'un transfert, puisse avoir lieu sans autorisation du conseil de famille. Il faudrait supposer une entente complète entre le tuteur, l'acquéreur des titres, l'agent de change chargé de la négociation et la compagnie qui doit opérer le transfert. Ces diverses personnes engageraient, en effet, leur responsabilité en se prêtant à une vente faite en dehors des prescriptions de la loi. Si une hypothèse semblable venait à se présenter, le titulaire qui aurait acheté de bonne foi les titres objet du litige, sans connaître le vice dont ils étaient infectés, serait garanti contre les conséquences de l'action en nullité intentée par le mineur, par le recours en dommages-intérêts qu'il pourrait exercer contre ces diverses personnes, en vertu de l'art. 1382 du Code civil.

22. Il est vrai que certaines valeurs peuvent n'être pas négociables à la Bourse, que certains titres nominatifs peuvent se transmettre par endossement, sans formalité de transfert. Mais, dans ce dernier cas, les énonciations portées sur le titre constateront qu'il a appartenu à un mineur, et les acquéreurs successifs pourront exiger qu'il leur soit justifié que la transmission originaire a été faite régulièrement. Le tuteur devra, pour couvrir sa responsabilité, réaliser la vente des valeurs qui ne seraient pas négociables à la Bourse, au moyen d'un acte

(1) Loi 27 février 1880, art. 3 et 5.

régulier, et le conseil de famille, en autorisant l'aliénation de titres de cette nature, devra indiquer le mode de vente qui lui semblera le plus avantageux au mineur.

En résumé, les conséquences qui peuvent résulter de l'inaccomplissement des formalités prescrites par la loi de 1880, ne nous paraissent pas de nature à inquiéter les tiers qui peuvent devenir ultérieurement acquéreurs de titres ayant appartenu à un mineur ou à un interdit. S'il s'agit de valeurs négociables à la Bourse, l'intervention de l'agent de change, la nécessité du transfert, les garantit contre toute irrégularité. Dans les autres cas, l'acquéreur trouvera dans l'acte de vente la preuve que toutes les formalités légales ont été remplies. Enfin, s'il arrivait qu'un tuteur infidèle, en possession de titres appartenant au mineur, parvînt à les aliéner sans autorisation du conseil de famille, les tiers qui en deviendraient acquéreurs de bonne foi auraient, dans le cas où la vente serait annulée, un recours en responsabilité contre ce tuteur, contre l'acquéreur primitif, et contre toute personne qui aurait servi d'intermédiaire à la vente. Nous examinerons ultérieurement si la surveillance spéciale imposée au subrogé tuteur par l'art. 7 de la loi n'est point, en outre, de nature à rassurer les tiers contre toute crainte d'irrégularités semblables.

23. L'art. 1er de la loi du 27 février 1880, après avoir imposé au tuteur l'obligation de demander l'autorisation du conseil de famille pour toute aliénation de rentes, actions, obligations ou autres meubles incorporels appartenant au mineur ou à l'interdit, déclare que le conseil de famille en autorisant l'aliénation prescrira les mesures qu'il jugera utiles.

Cette disposition, qui existait également dans le projet primitif du gouvernement, est aussi large que possible. Elle a principalement pour objet les mesures à prendre pour garantir le meilleur emploi des capitaux provenant des aliénations qui sont autorisées par le conseil de famille. La commission du Sénat avait songé à restreindre ce droit : mais l'embarras était grand. Les mesures à prescrire peuvent en effet varier à l'infini, « selon l'importance de la succession, la nature des valeurs à employer, la condition sociale des enfants, le programme de leur éducation ou de leur avenir (1). » Dans certaines circons-

(1) Premier rapport de M. Denormandie, 2 avril 1878. *Journal officiel* du 7 mai.

tances, il sera de l'intérêt du mineur de faire un emploi définitif, de manière à ce que le capital ne puisse pas varier, et se trouve intact au moment de sa majorité. Dans d'autres, il pourra sembler utile d'augmenter ses revenus, au moyen d'un emploi considéré comme également sûr, mais offrant des chances de dividendes plus considérables. Si le mineur est propriétaire de titres anciens d'une compagnie faisant une nouvelle émission, avec droit de préférence en faveur des anciens titulaires, il peut être indispensable de vendre une partie des titres anciens, pour se procurer les fonds nécessaires à l'acquisition de ceux nouvellement émis. La loi ne pouvait pas prévoir toutes ces hypothèses. Il a paru plus sage de ne point limiter les pouvoirs du conseil de famille et de lui laisser d'une manière générale le droit de prendre les mesures qu'il jugera utiles, suivant les circonstances.

24. Les tiers, et notamment les compagnies dont les titres sont régulièrement aliénés, peuvent-elles être responsables de l'emploi qui a été prescrit par le conseil de famille? La question a un sérieux intérêt, mais elle est tranchée, à notre avis, par les termes du rapport de M. Denormandie au Sénat, qui n'a donné lieu à aucune discussion, et par l'esprit de la loi, résultant notamment de la disposition finale de son art. 6. La loi de 1880 n'a point voulu discréditer les fonctions du tuteur ni paralyser son administration. Elle a été proposée et votée pour assurer d'une manière plus complète la conservation de la fortune mobilière du mineur, mais sans esprit de méfiance contre le tuteur. Aux termes du droit commun, les capitaux appartenant au mineur, même ceux provenant des immeubles aliénés, sont versés entre les mains du tuteur, qui en est responsable, mais sans être tenu à aucun emploi déterminé. Nous verrons ultérieurement que l'art. 5 de la loi de 1880 lui a imposé à cet égard des devoirs nouveaux qui ont paru nécessaires en présence du développement de la fortune mobilière; mais à la suite de cette disposition exceptionnelle, il a été expressément déclaré que les tiers ne seront en aucun cas garants de l'emploi (1).

Ce principe doit être appliqué au cas où le conseil de famille a autorisé l'aliénation de titres ou de valeurs mobilières appar-

(1) V. *infrà*, ch. 3.

tenant au mineur, en ordonnant que le prix à en provenir serait employé d'une manière déterminée. Cette prescription, faite dans les termes prévus par la loi, couvre la responsabilité du tuteur, mais elle porte atteinte au droit d'administration qui lui est confié. Il serait dangereux de restreindre plus complètement ce droit, en permettant aux tiers, acquéreurs des titres aliénés, ou aux compagnies chargées d'opérer les transferts sur leurs registres, de surveiller ou de contester l'emploi ordonné par le conseil de famille. Au surplus, le rapporteur de la loi s'est exprimé nettement à cet égard.

25. « Il nous a paru, a dit M. Denormandie, dans son rapport au Sénat, qu'il était sage de dégager d'une façon générale les tiers, afin de n'apporter aucune entrave à la marche des affaires; ils n'auront pas à suivre l'emploi des sommes qu'ils paieront au tuteur; la loi ne leur en impose pas l'obligation. La commission pense que les conseils de famille, avertis par les parties intéressées ou par le juge de paix, quand ils auront à prescrire un emploi, auront soin de libeller leurs délibérations de manière à éviter toutes difficultés. Les tiers débiteurs ou détenteurs n'auront ni à suivre, ni à surveiller l'emploi. Le conseil de famille, en cas d'emplois prescrits par lui, pourra commettre une personne, laquelle serait en général, soit un des membres du conseil, soit un officier ministériel. Cette personne serait chargée, comme cela se fait souvent, de suivre et de surveiller l'emploi... En présence de délibérations formulées dans les termes que nous avons indiqués, les débiteurs ou détenteurs se libéreront sans préoccupation, ils n'auront aucun prétexte pour recourir à des mesures de libération judiciaire (1). »

Il résulte de ces termes du rapport, que nous avons cru devoir citer textuellement, que dans la pensée de la commission, qui n'a été discutée ni au Sénat, ni à la Chambre des députés, les tiers ne peuvent jamais être responsables de l'emploi ou de l'exécution des autres mesures ordonnées par le conseil de famille. Mais nous ne pouvons pas considérer comme un devoir imposé au conseil de famille l'avis que semble lui donner le rapporteur, de commettre une personne afin de suivre ou de

(1) Premier rapport de M. Denormandie au Sénat. S. V. *Lois ann.*, 1880, p. 548, note 1.

surveiller l'emploi. Ce serait témoigner au tuteur, chargé par la loi de l'administration de la fortune du mineur, une défiance injuste et contraire aux règles du droit civil. En principe, le tuteur reste responsable vis-à-vis du mineur de l'emploi des capitaux, et de l'exécution des mesures prescrites par le conseil de famille. Il nous paraît impossible de lui imposer la surveillance d'un membre du conseil ou d'un officier ministériel, alors qu'aucune disposition légale ne permet de prendre vis-à-vis de lui une précaution aussi attentatoire à la mission de confiance que lui confère la loi, et qui est attachée à ses fonctions.

26. Les dispositions de la loi de 1880, qui imposent aux tuteurs l'obligation d'obtenir l'autorisation du conseil de famille avant de pouvoir aliéner les valeurs mobilières ou les meubles incorporels appartenant aux mineurs et interdits, sont-elles applicables à toutes les tutelles? Le père, tuteur légal de son enfant, est-il tenu, comme le tuteur datif, de se soumettre aux prescriptions de la loi? La question présente un caractère considérable. S'il est facile de comprendre que la loi, dans un intérêt général et pour sauvegarder la fortune mobilière des mineurs, impose au tuteur datif l'emploi de formalités particulières, avant de lui permettre l'aliénation des valeurs appartenant à son pupille, le père peut-il être obligé de s'y soumettre? n'est-il pas le meilleur juge de l'intérêt de ses enfants, et l'affection qu'il leur porte n'est-elle pas la meilleure garantie contre des craintes de dissipation ou d'imprudences qui seraient de nature à compromettre leur fortune? Pouvait-on lui imposer la nécessité de se soumettre à l'avis d'un conseil de famille composé de parents éloignés, peut-être d'amis indifférents, qui comprendront moins bien que lui le véritable intérêt des mineurs?

27. Cette question, examinée par la commission du Sénat, a été soulevée de nouveau au cours de la discussion, par un amendement présenté par M. de Gavardie. Cet honorable sénateur proposait de remplacer ces mots de l'art. 1er : *Le tuteur ne pourra aliéner*... par ceux-ci : « Le tuteur, *autre que le père ou la mère*...» La commission n'a pas accepté cette modification qui a été également repoussée par le Sénat. M. Denormandie, dans son rapport, s'explique à cet égard dans les termes suivants :

«La loi, dit-il, s'applique à tous ceux, sans exception, qui ont la tutelle des mineurs ou des interdits, et par conséquent au père ou à la mère survivante. On s'est préoccupé de cette question dans l'intérêt du père ou de la mère de famille. On s'est demandé s'il n'y aurait pas là une atteinte portée à leur autorité. On a dit qu'il serait pénible pour un père de famille de voir s'élever contre lui une sorte de prévention, de voir enchaîner sa liberté, de voir paralyser à l'avance la direction et l'emploi d'une fortune qui serait peut-être le résultat exclusif de son travail personnel.

« Ces considérations, quelque légitimes qu'elles fussent, n'ont pas prévalu aux yeux de la commission. Le projet de loi, s'il ne s'étendait pas jusqu'à cette catégorie de personnes, aurait, en fait, une importance bien restreinte; car on sait que la tutelle naturelle et légale est plus fréquente que la tutelle dative... Le législateur intervient dans ce cas, pour compléter le défaut de garantie qui peut résulter du décès du père ou de la mère; il est utile qu'une mesure protectrice émanée de lui, et inspirée par sa sollicitude, vienne prendre, pour ainsi dire, la place de l'époux qui n'est plus là (1). »

28. Au cours de la discussion devant le Sénat, le rapporteur a développé ces considérations, et l'amendement de M. de Gavardie a été rejeté. Mais la question était assez sérieuse pour être examinée de nouveau devant la Chambre des députés. La commission de la Chambre a pensé, comme celle du Sénat, qu'il n'y avait point lieu d'établir une distinction suivant la nature de la tutelle. L'affection des parents pour leurs enfants ne saurait donner au père ou à la mère survivante la capacité ou l'expérience qui peuvent leur manquer; elle peut d'ailleurs s'affaiblir en cas de deuxième mariage, et c'est le cas où il est le plus utile de protéger le mineur contre les négligences ou les entreprises de son tuteur. La protection que leur assure la loi nouvelle n'a rien de blessant pour la dignité ou l'autorité des parents, puisqu'elle ne fait qu'assimiler les meubles incorporels aux immeubles, lesquels ne peuvent, aux termes du Code civil, être aliénés qu'en se soumettant à des conditions et formalités analogues (2).

(1) Premier rapport de M. Denormandie au Sénat. *Journal officiel*, 7 mai 1878.

(2) Rapport de M. Jozon à la Chambre des députés, 29 mars 1879, *Journal officiel* du 7 avril 1879.

29. Il est donc certain que la loi s'applique sans distinction à toutes les tutelles. Le père ou la mère ne peuvent même pas, sans l'autorisation du conseil de famille, consentir à l'aliénation de valeurs auxquelles ils auraient eux-mêmes des droits conjointement avec leurs enfants mineurs. Au cours de la deuxième délibération devant le Sénat, il avait été proposé d'établir une distinction pour ce cas particulier. M. Léon Clément demandait si le père de famille coïntéressé avec ses enfants n'éprouverait pas une certaine gêne résultant de l'application des dispositions de la loi. Le rapporteur s'est borné à répondre que telle n'était pas la pensée de la commission; mais que le père devait se soumettre aux termes de la loi, sauf au conseil de famille à apprécier les mesures qu'il voudrait prendre. Le texte de l'art. 1er ne permet pas d'admettre dans ce cas une distinction qui n'est pas faite par la loi. Le père tuteur légal de son enfant mineur devra donc obtenir l'autorisation du conseil de famille, même pour l'aliénation de valeurs mobilières dont il serait copropriétaire avec son enfant mineur.

30. Cette solution est applicable toutes les fois que des valeurs ou droits incorporels appartiennent à un mineur indivisément avec des majeurs. Mais il y a lieu de distinguer suivant que la portion appartenant au mineur est déterminée d'une manière certaine, ou que l'indivision est absolue, ce qui arrive lorsque des valeurs mobilières, des rentes sur l'Etat, des actions ou obligations industrielles dépendent d'une succession à laquelle sont appelés des majeurs et des mineurs. Dans le premier cas, il n'y a pas lieu à partage, puisque la part revenant au mineur est fixée soit par une liquidation antérieure, soit de toute autre manière. L'immatricule des titres indique le plus souvent que telle portion, un quart indivis par exemple, appartient au mineur. S'il s'agit d'un titre coté à la Bourse qui ne puisse pas être négocié partiellement, et que les majeurs aient l'intention de céder la part qui leur appartient, le tuteur pourra demander au conseil de famille l'autorisation d'aliéner en même temps la part déterminée du mineur, et cette autorisation devra lui être accordée, sauf au conseil à prescrire les mesures utiles pour assurer l'emploi du capital à provenir de la vente. Dans le second cas, au contraire, si l'indivision est absolue, comme lorsqu'il s'agit de valeurs dépendant d'une succession, le conseil de famille ne peut pas autoriser l'aliéna-

tion de la part revenant au mineur, puisque cette part n'est pas déterminée par une liquidation régulière. Il est en effet impossible de savoir quels seront les résultats du partage de la succession, qui peut attribuer au mineur, pour le remplir de ses droits, des valeurs autres que les titres que l'on veut aliéner.

31. Il importe de préciser sur ce point le véritable esprit de la loi, dont le but pourrait être complètement faussé par une solution contraire à celle que nous indiquons. La prohibition faite au tuteur d'aliéner les valeurs mobilières appartenant au mineur, sans une autorisation du conseil de famille, a pour objet de protéger ces incapables contre les dangers que peuvent présenter des entreprises arbitraires. Dans l'économie de la loi, cette disposition est complétée par l'obligation imposée au tuteur de convertir en titres nominatifs les valeurs au porteur et de faire emploi des capitaux qui adviendront au pupille. Dans ces cas, la loi déclare que le délai qu'elle détermine pour faire la conversion ou l'emploi commence à courir du jour de l'attribution définitive qui sera faite au profit du mineur. Il s'agit en effet de sauvegarder les intérêts de ce dernier, et ces intérêts n'existent que lorsque les valeurs lui appartiennent au moyen d'une attribution régulière. De même, en restreignant le droit que le Code accordait au tuteur d'aliéner arbitrairement les valeurs appartenant aux mineurs, la loi n'a eu en vue que les titres qui sont la propriété incontestable et définitive de ces incapables, et elle n'a pu prévoir que les cas où il semblerait nécessaire d'aliéner ces titres pour une cause déterminée, dont elle réserve l'appréciation au conseil de famille.

Si les valeurs sont indivises, si elles font partie d'une succession non encore liquidée, la demande d'autorisation formée par le tuteur ne pourrait avoir qu'un seul but, celui de sortir de l'indivision en vendant ces titres, dont les parties se partageraient ensuite le prix. Ce résultat serait non seulement en dehors des prévisions de la loi nouvelle, mais en contradiction avec les mesures de protection dont elle a voulu entourer la fortune mobilière du mineur. Le Code civil, dont les dispositions ne sont pas modifiées, mais seulement complétées par la loi du 27 février 1880, a prescrit, pour les partages auxquels sont intéressés les mineurs, des formes spéciales déterminées par les art. 838 du Code civil, 966 et suiv. du Code de procédure civile. Il n'est pas possible de permettre au tuteur d'échapper à l'exécution de ces formalités, qui sont considérées comme la garantie des droits des incapables, en demandant au conseil de famille l'autorisation d'aliéner les valeurs indivises. Les tribunaux devraient refuser d'homologuer une délibération de cette nature, comme étant contraire à la loi et dangereuse pour les intérêts des mineurs.

Dès l'origine, on a cherché à introduire dans la pratique ce mode de procéder, en sollicitant du conseil de famille, avant tout partage, l'autorisation de vendre les valeurs mobilières indivises entre majeurs et mineurs. Le tribunal de la Seine a refusé l'homologation de la délibération qui avait été obtenue(1). En réalité, ce n'est qu'après le partage que le conseil de famille peut être appelé à délibérer utilement sur la fortune personnelle du mineur, qui n'est fixée que par les attributions de la liquidation. Il peut alors apprécier s'il est nécessaire de vendre certaines valeurs, et prescrire les mesures utiles pour l'emploi des capitaux à provenir de l'aliénation. La loi de 1880 n'a d'ailleurs eu pour objet, ainsi que nous l'avons déjà dit, que d'étendre aux titres de valeurs mobilières les règles du droit civil concernant l'aliénation des immeubles. Or l'art. 457 Code civil qui permet au tuteur, en cas de nécessité absolue ou d'avantage évident, d'aliéner un immeuble appartenant au mineur, en se faisant autoriser par le conseil de famille, n'a jamais été appliqué en cas d'indivision entre majeurs et mineurs. Les immeubles ne peuvent, dans ce cas, être vendus que par licitation avec les formalités prescrites par la loi. Il doit en être de même lorsqu'il s'agit de valeurs mobilières indivises. Le tuteur ne pourra procéder à la vente avec l'autorisation du conseil de famille que lorsqu'il en aura été fait attribution au mineur, ou du moins lorsque la part appartenant à ce dernier aura été déterminée par un partage régulier.

32. Il peut cependant arriver qu'il y ait urgence à vendre certaines valeurs indivises dépendant de la succession, soit pour se procurer les fonds nécessaires au paiement de dettes exigibles, soit, s'il s'agit d'un fonds de commerce, pour éviter les pertes qui pourraient résulter de la suspension de son exploitation. Mais dans ce cas, lors même que ces valeurs sont indi-

(1) Trib. Seine, 23 juin 1880, S. V. 80, 2, 269.

vises entre majeurs et mineurs, la vente peut être faite sans l'emploi des formalités prescrites par la loi du 27 février 1880. Dans la pratique, les héritiers demandent, avant même de prendre qualité, par voie de référé, la nomination d'un administrateur provisoire de la succession, lequel est chargé de vendre les valeurs ou meubles incorporels, avec les formalités de publicité prescrites par la loi en matière de succession bénéficiaire. Cet administrateur peut même se faire autoriser à céder à l'amiable le fonds de commerce, s'il y a intérêt pour les héritiers à employer ce mode de vente. La cession est alors faite, non point par le tuteur, mais par un administrateur représentant la succession : Elle a pour objet des valeurs appartenant, non pas au mineur, mais à la succession, et dès lors, il n'y a pas lieu à l'application de la loi de 1880. Si, en raison de l'importance des valeurs, le tuteur hésitait à se prêter à ce mode de vente dans la crainte d'engager sa responsabilité personnelle, il pourrait demander au conseil de famille l'autorisation d'accepter au nom du mineur les conditions de la cession, pour le cas éventuel où le partage attribuerait à son pupille certains droits sur les titres à aliéner ; mais cette autorisation, qui ne nous paraît pas indispensable, ne pourrait pas avoir pour résultat d'éviter un partage, et serait subordonnée quant à ses effets aux attributions qui seraient faites ultérieurement en faveur du mineur.

33. La loi est, ainsi que nous l'avons dit, applicable à toutes les tutelles, même au père tuteur légal de son enfant mineur; mais elle doit être restreinte aux circonstances qu'elle prévoit, c'est à dire au cas où il y a tutelle. La commission du Sénat s'est préoccupée de la question qui pouvait être soulevée vis-à-vis du père administrateur légal des biens de son enfant mineur. Les pouvoirs qui sont conférés au père pendant son administration, ont donné lieu à des solutions diverses dans la jurisprudence. Au point de vue de l'aliénation des titres de rentes sur l'État, le Trésor avait fait une assimilation complète entre la situation du tuteur et celle du père administrateur légal des biens de ses enfants. Cette décision très contestable avait été repoussée par le tribunal de la Seine (1) ; mais le Trésor obligeait les parties à se conformer à ses exigences. Il importait de trancher

(1) Trib. Seine, 17 décembre 1876 (aff. des mineurs Faure). V. aussi notre *Traité des opérations de la Bourse*, n° 154.

définitivement la question à l'égard de toutes les valeurs mobilières. La loi de 1880 ne pouvait contenir aucune exception expresse sur ce point, puisqu'elle se bornait à déterminer les pouvoirs et obligations du tuteur, et que, dans le cas où le père est administrateur légal des biens de ses enfants, il n'y a point de tutelle ouverte, mais simple exercice d'un droit résultant de la puissance paternelle. Toutefois, M. Denormandie, dans son premier rapport au Sénat, a fait connaître les préoccupations de la commission, et résumé sa pensée à cet égard. « Votre commission a pensé, a-t-il dit, qu'il n'y avait pas lieu d'étendre au père administrateur l'application de la loi. Dans la situation à laquelle nous faisons allusion, la famille existe tout entière ; elle est représentée par ses deux chefs. La coexistence des deux époux, leur union, leurs efforts communs, paraissent être autant d'éléments de sécurité pour les intérêts que le mineur peut personnellement posséder, ce qui est du reste assez exceptionnel. En tout cas, il y a là une garantie morale et une garantie matérielle (1). »

Au cours de la discussion devant le Sénat, le rapporteur s'est exprimé d'une manière encore plus formelle, et après avoir indiqué la différence qui existait entre l'administration légale du père et la tutelle, il ajoutait : « Si j'avais besoin d'insister, je ferais remarquer que le fait d'imposer au père administrateur légal, des emplois, des conversions, toutes ces mesures qui font l'objet principal de la loi, ce fait répugne aux mœurs, aux habitudes, aux traditions de la famille. Pourquoi ? Parce que les deux époux sont là, parce qu'ils se contrôlent réciproquement... de telle sorte que c'est dans leur union, dans leur coexistence, dans le sentiment conjugal, que nous trouvons cette garantie qui, sous l'administration légale du père, remplace le subrogé tuteur et le conseil de famille... Il y a encore une autre raison, c'est que le père a la jouissance légale. C'est là la raison d'être, du moins en partie, de son administration. Pourquoi l'a-t-il ? Parce qu'il a l'autorité, et mieux que l'autorité, la puissance paternelle. Il était donc nécessairement et doit rester administrateur légal, dans les conditions où toutes les sociétés l'ont toujours reconnu.

(1) Premier rapport de M. Denormandie au Sénat, *Journal officiel*, 7 mai 1878.

Voilà pourquoi la loi ne pouvait pas s'appliquer à lui (1). »

34. Malgré les termes si précis dont s'était servi le rapporteur, un amendement fut proposé, lors de la dernière délibération de la loi devant le Sénat, par M. Gazagne, à l'effet d'étendre ses dispositions au père administrateur légal, dans le cas de séparation de corps prononcée contre lui, ou en cas de séparation de biens, de faillite ou d'expropriation. Il semble, en effet, que dans ces circonstances les garanties de bonne administration que présente le père de famille pendant le mariage sont ébranlées et que l'on peut craindre qu'il ne dissipe ou n'emploie dans son commerce, ou à ses besoins personnels, les valeurs mobilières qui appartiennent à ses enfants. Malgré ces considérations, M. Denormandie a combattu l'amendement comme portant atteinte à l'autorité du père de famille. La loi, a-t-il dit, est faite non pour les mineurs, mais pour ceux qui sont orphelins de père ou de mère, et contre ceux qui ont la responsabilité avec le titre de tuteur. M. Cazot, ministre de la justice, a demandé également le rejet de l'amendement, comme touchant à une question trop grave qui ne pouvait pas être tranchée incidemment, et l'amendement a été retiré (2).

En présence de déclarations aussi complètes, faites au cours de la discussion de la loi, il n'est plus possible de prétendre que ses dispositions peuvent être appliquées au père administrateur légal des biens de ses enfants. Le Trésor lui-même a compris qu'il ne pouvait maintenir ses exigences en cas de vente de rentes sur l'Etat, et dans une circulaire adressée aux trésoriers-payeurs généraux, le directeur de la dette inscrite déclare que l'assimilation qui avait été faite entre le tuteur et le père administrateur légal n'est plus possible, et que la loi du 27 février 1880 ne doit être appliquée que lorsqu'il y a tutelle. Le père administrateur peut donc transférer les rentes appartenant à son fils mineur, sans aucune autorisation, quelle qu'en soit la quotité (3).

35. Dans l'examen que nous venons de faire des questions que peut soulever l'application de l'art. 1er de la loi du 27 février 1880, nous nous sommes occupés principalement de

(1) Séance du Sénat, 2 mai 1878, S. V. *Lois ann.*, 1880, p. 547.

(2) Séance du Sénat, 17 février 1880. *Journal officiel*, 18 février.

(3) Circulaire du directeur de la Dette inscrite, du 10 mars 1880, concernant l'exécution de la loi du 27 février 1880, relativement aux rentes sur l'Etat. Bioche, *Journ. proc.*, 1880, n° 11436.

l'aliénation des rentes ou valeurs mobilières, hypothèse qui sera la plus fréquente dans la pratique. Mais il ne faut pas oublier que la loi est générale et prévoit l'aliénation, non seulement des rentes, actions, parts d'intérêts ou obligations, mais aussi celle de tous autres meubles incorporels appartenant aux mineurs ou interdits. Ainsi, s'il s'agit de la vente d'une créance, d'un fonds de commerce, d'un office devenu vacant par la mort du titulaire, et sur lequel un mineur a des droits par suite de succession ou autrement, l'autorisation du conseil de famille est nécessaire. Dans ces cas, il y a lieu d'appliquer la distinction que nous avons faite à l'égard de la vente des valeurs mobilières. Si le fonds de commerce appartient en totalité à un mineur, le tuteur pourra le vendre après avoir obtenu l'autorisation prévue par la loi de 1880; s'il est au contraire indivis entre majeurs et mineurs, il sera préférable de le faire vendre par un administrateur représentant tous les héritiers, et si le tuteur croit devoir solliciter l'autorisation du conseil de famille pour coopérer à l'aliénation des droits éventuels appartenant au mineur, cette autorisation n'aura d'effet que pour sa part indéterminée (1). Quant au mode de vente, la loi n'indique pour ces droits incorporels aucune forme spéciale; mais le tuteur doit, pour couvrir sa responsabilité, demander au conseil de famille de déterminer comment la vente sera opérée. La commission du Sénat n'a point cru pouvoir réglementer le mode d'aliénation des droits incorporels qui varient à l'infini. Il eût peut-être été préférable de le faire à l'égard des fonds de commerce, pour lesquels la vente aux enchères offre souvent des garanties plus sérieuses que la vente à l'amiable. Toutefois, il peut se présenter des circonstances où il y aurait intérêt pour le mineur à traiter à l'amiable, par exemple avec un employé de la maison connaissant la clientèle, et pouvant dès lors offrir un prix plus considérable qu'un étranger. Les pouvoirs du tuteur, dans le silence de la loi, restent régis par le droit commun; mais il agira prudemment en faisant déterminer, par le conseil de famille appelé à autoriser l'aliénation, le mode de vente qui lui semblera préférable (2).

36. A l'égard des offices, la vente ne peut avoir lieu que par

(1) V. *suprà*, n° 32.
(2) *Infrà*, n° 52.

un traité à l'amiable, le seul droit des héritiers du titulaire étant de présenter un successeur au choix du gouvernement. Il était depuis longtemps admis dans la pratique, en exécution de circulaires émanées de la Chancellerie, que le traité fixant le prix de l'office devait être soumis au conseil de famille, toutes les fois que des mineurs y étaient intéressés comme héritiers du titulaire décédé. L'autorisation du conseil de famille doit être demandée conformément à l'art. 1er de la loi du 27 février 1880, lorsque, parmi les héritiers appelés à recevoir le prix, se trouvent des mineurs, et la délibération doit être homologuée par le tribunal, à moins que le prix fixé par le traité ne soit inférieur à 1,500 francs. Les difficultés soulevées à cet égard par quelques tribunaux disparaissent en présence des nouvelles dispositions de la loi (1).

37. Le projet de loi présenté par le gouvernement pour régler les formalités nécessaires à l'aliénation des valeurs mobilières et des droits incorporels appartenant aux mineurs et interdits, gardait un silence absolu sur l'obligation de faire homologuer la délibération du conseil de famille. La question devait cependant être tranchée, pour mettre fin aux dissidences qui existaient dans la jurisprudence des tribunaux de première instance. Lorsque le tuteur, pour couvrir sa responsabilité, croyait devoir demander au conseil de famille l'autorisation d'aliéner les valeurs mobilières du mineur, la plupart des tribunaux refusaient d'homologuer cette délibération qu'ils déclaraient inutile; quelques-uns avaient, au contraire, consenti à faire droit à la demande d'homologation qui leur était adressée.

La commission du Sénat, saisie du projet de loi, comprit la nécessité de ne pas laisser le conseil de famille souverain appréciateur des demandes formées par le tuteur, qui peuvent, dans certains cas, avoir une grande importance. «Les questions dont le conseil de famille se trouvera saisi par suite de la loi nouvelle, disait le rapporteur, pourront avoir un intérêt considérable, surtout en présence de l'immense développement de la fortune mobilière. La législation qui est actuellement en vigueur impose, en matière d'aliénation immobilière, l'homologation par le tribunal. Comment admettre qu'un morceau de terre d'une

(1) Circulaire du ministre de la justice aux procureurs généraux, 20 mai 1880, S. V. *Lois ann.*, 1880, p. 553.

valeur tout à fait minime ne puisse être vendu sans l'autorisation de la justice, tandis que l'aliénation d'une fortune mobilière considérable pourrait échapper au contrôle et à l'examen des magistrats (1) ? »

La nécessité de l'homologation fut donc admise en principe par la commission, qui proposa de déclarer que cette homologation ne pourrait pas avoir lieu par simple ordonnance du président du tribunal, mais qu'elle devrait être obtenue par jugement rendu sur requête, en la chambre du conseil, le ministère public entendu, dans les formes prescrites par l'art. 885 du Code de procédure civile. Pour éviter de grever les mineurs de frais inutiles, lorsque l'intérêt sera minime, la commission proposait de déclarer que l'homologation ne serait nécessaire que lorsque l'aliénation mobilière sollicitée présenterait un intérêt supérieur à 5,000 francs.

38. La disposition de l'art. 2, ajoutée par la commission au projet du gouvernement, dans le but de soumettre dans certains cas à l'homologation du tribunal les délibérations prises par le conseil de famille, a soulevé de vives discussions au cours des délibérations devant le Sénat et devant la Chambre des députés. Le principe ne fut cependant contesté au Sénat que par M. de Gavardie, qui demanda la suppression absolue de cet article. L'homologation du tribunal est, suivant cet honorable sénateur, complètement inutile, et peut avoir des conséquences désastreuses pour les intérêts du mineur. Le tribunal qui se trouve obligé d'adopter ou de rejeter complètement la décision prise par le conseil de famille, ne peut pas connaître suffisamment les nécessités créées par l'état des affaires du mineur, pour repousser la demande qui a été admise par le conseil de famille. Aussi, dans la pratique, l'homologation devient une simple formalité, qui n'est jamais refusée dans les cas où la loi oblige les parties à la demander. Mais cette formalité entraîne des frais relativement considérables lorsqu'il s'agit d'un intérêt minime, et des lenteurs qui pourront être préjudiciables en matière d'aliénation de valeurs mobilières.

Il peut arriver que le tuteur ait de légitimes inquiétudes sur les dangers que présentent certaines valeurs appartenant à son

(1) Premier Rapport de M. Denormandie au Sénat, 2 avril 1878. *Journal officiel* du 7 mai.

pupille. Il y a dans ce cas intérêt à vendre promptement, pour acheter d'autres titres présentant de meilleures garanties de stabilité. Le conseil de famille auquel le tuteur exposera cette situation, autorisera l'aliénation en ordonnant l'emploi du prix qui en sera la représentation. S'il faut soumettre cette délibération à l'homologation du tribunal, le tuteur sera obligé de subir les retards nécessités par cette procédure. Pendant ces délais, le cours des valeurs pourra se modifier au détriment du mineur.

Il faut reconnaître que ces considérations ont un caractère sérieux; mais était-il possible de renoncer à la garantie qu'assure l'examen par les magistrats de la délibération du conseil de famille, pour éviter des inconvénients qui ne se présenteront que dans des cas exceptionnels? La commission avait songé dans le principe à diminuer les frais et les lenteurs qu'entraîne la procédure d'homologation, en réduisant cette procédure à une simple requête qui serait présentée au président du tribunal, et communiquée au ministère public; mais elle a pensé, avec raison, qu'on ne pouvait, sans bouleverser la législation et y apporter le trouble, prescrire une procédure d'homologation en matière de vente de valeurs mobilières, différente de celle existant depuis longtemps en matière immobilière. Le principe de l'homologation prononcée par jugement de la chambre du conseil a donc été adopté par le Sénat dans les termes où il était proposé par la commission avec l'adhésion du gouvernement, et depuis il n'a pas donné lieu à de nouvelles discussions.

39. Mais si le principe était admis, la proposition de restreindre la nécessité de l'homologation au cas où les valeurs mobilières présenteraient un intérêt supérieur à 5,000 fr. devait soulever de vives controverses. La commission se trouva d'abord en présence d'un amendement présenté au Sénat par M. Jules Favre, qui avait pour but de faire déclarer que l'homologation du tribunal serait toujours nécessaire, quelle que fût l'importance des valeurs à aliéner. Cet amendement contenait un paragraphe additionnel ainsi conçu :

« Dans le cas où la valeur des meubles incorporels à aliéner sera, d'après l'appréciation du conseil, inférieure à 5,000 fr. en capital, le tuteur pourra, sur l'avis favorable du juge de paix présidant le conseil, être admis au bénéfice de l'assistance judiciaire pour obtenir cette homologation. »

Cette dernière disposition avait pour but de répondre aux objections basées sur l'inconvénient des frais que la nécessité de l'homologation imposerait au mineur, pour la vente de titres de minime valeur. Mais elle avait le défaut de faire intervenir l'assistance judiciaire dans des cas non prévus par la loi, et en faveur de personnes en état de supporter les frais de justice. Ce fait devait suffire pour la faire rejeter par la commission. Ne nous occupons donc que de la partie principale de l'amendement.

D'après l'opinion de M. Jules Favre, la distinction proposée par la commission à l'effet de n'exiger l'homologation du tribunal que dans le cas où l'intérêt de l'aliénation pourrait s'élever à 5,000 fr., choquait le double sentiment de l'égalité et de la justice. Les petits patrimoines méritent-ils moins de garantie que les fortunes opulentes? Ces petits patrimoines sont souvent plus précieux pour le mineur, qui, placé dans une position inférieure, doit conserver toutes les ressources qui lui seront nécessaires pour venir en aide à son travail. C'est surtout dans ce cas qu'il est utile de placer le mineur sous la protection des magistrats. Sur ce point, la commission se borna à répondre qu'elle n'avait pas été déterminée dans sa proposition par la situation du mineur, mais par cette considération que l'emploi d'un capital inférieur à 5,000 fr. ne pouvait pas présenter de difficultés assez sérieuses pour nécessiter l'intervention du tribunal.

40. L'article fut renvoyé à la commission (1), qui le modifia et proposa une nouvelle rédaction, d'après laquelle l'homologation n'était déclarée nécessaire que dans les cas où la délibération du conseil de famille ne serait pas unanime, sans fixation d'aucun minimum de valeur.

L'art. 2 fut voté avec cette rédaction; mais il devait subir de nouvelles épreuves à la Chambre des députés. La commission chargée de l'examen de la loi votée par le Sénat se montra disposée à revenir au premier système qui avait été proposé. Elle pensa qu'il était naturel et presque nécessaire de proportionner les formalités protectrices, qui en même temps sont toujours onéreuses, à la valeur des intérêts engagés. Elle repoussa dès lors le système adopté par le Sénat, qui restreignait la né-

(1) Séance du Sénat, 24 mai 1878. *Journal officiel*, 25 mai.

cessité de l'homologation aux cas où la délibération du conseil de famille n'aurait pas été prise à l'unanimité.

« Il se pourra, disait sur ce point le rapporteur, qu'un conseil de famille, s'en rapportant trop facilement au tuteur, consente unanimement à l'aliénation de valeurs mobilières importantes, alors que cette opération sera sans raison d'être, ou même imprudente et funeste aux intérêts du mineur. Il se pourra, à l'inverse, que dans un conseil de famille où se discuteront des aliénations de meubles incorporels de peu de valeur, aliénations parfaitement justifiées, la mauvaise volonté ou l'obstination d'un des membres du conseil oblige à se pourvoir devant le tribunal pour obtenir une homologation parfaitement inutile (1). »

41. La commission proposa en conséquence de revenir au projet primitif présenté par la commission du Sénat; mais, trouvant un peu élevée la limite de 5,000 francs au-dessous de laquelle ce projet considérait le consentement du conseil de famille comme suffisant sans homologation du tribunal, elle l'abaissa à 3,000 francs. Devant la Chambre, la discussion des deux systèmes fut reprise, et M. Bernier demanda, comme l'avait fait M. de Gavardie au Sénat, que l'on supprimât complètement l'obligation de l'homologation qui entrainait des frais dont l'utilité ne lui paraissait pas établie. La Chambre des députés adopta la première rédaction proposée par la commission du Sénat, et, abaissant encore le chiffre au-dessus duquel l'homologation devait être exigée, elle décida que la délibération du conseil de famille serait soumise à l'homologation du tribunal, statuant en la chambre du conseil et sur les conclusions du ministère public, toutes les fois que la valeur des meubles incorporels à aliéner dépasserait, en capitaux, la somme de 1,500 francs. Cette nouvelle rédaction, acceptée par le Sénat, est devenue l'art. 2 de la loi, qui doit servir de règle pour toute aliénation de valeurs mobilières appartenant aux mineurs ou aux interdits (2).

42. Il sera souvent difficile, sinon impossible, de connaître d'une manière précise quel sera le produit de l'aliénation de valeurs mobilières, dont le cours varie chaque jour et est sou-

(1) Rapport de M. Jozon à la Chambre des députés. *Journal officiel*, 7 avril 1879.

(2) Loi du 27 février 1880, art. 2.

mis à des fluctuations incessantes. Cependant, la fixation d'un chiffre est nécessaire pour savoir si la délibération doit être soumise à l'homologation du tribunal avant de procéder à la vente. Pour trancher toute difficulté, la loi s'en rapporte, à cet égard, à l'appréciation du conseil de famille, qui devra, dans sa délibération, indiquer quelle somme il présume devoir être produite par l'aliénation qu'il autorise. Cette appréciation servira de base pour la demande d'homologation (1).

La nécessité de l'homologation est déterminée par l'appréciation, faite par le conseil, du produit des valeurs dont l'aliénation est demandée par le tuteur, sans égard aux autres titres ou droits incorporels qui peuvent appartenir au mineur, ou être compris dans la succession qui vient de lui échoir. Le texte de l'art. 2 ne laisse aucun doute à cet égard. Il est ainsi conçu : « Lorsque la valeur des meubles incorporels *à aliéner* dépassera..... » Il ne s'agit donc que des titres dont l'aliénation est demandée. L'homologation a d'ailleurs pour but unique de soumettre au contrôle du tribunal les motifs qui peuvent nécessiter ou permettre d'autoriser l'aliénation sollicitée par le tuteur, et les mesures qui sont prescrites par le conseil de famille. Dans certains cas, il peut être nécessaire d'aliéner une valeur insignifiante pour solder un compte de liquidation. Si cette valeur ne dépasse pas 1,500 francs, pourquoi aurait-on exigé l'homologation du tribunal, en se fondant sur ce qu'il existe d'autres valeurs dans la fortune du mineur. Sans doute, le conseil de famille pourra discuter dans ce cas, vis-à-vis du tuteur, le point de savoir s'il ne serait pas préférable aux intérêts du mineur de vendre tout autre titre. Mais la loi, en restreignant la nécessité de l'homologation au cas où la valeur des droits incorporels à aliéner dépassera 1,500 francs, indique suffisamment que, lorsqu'il s'agit d'une aliénation inférieure à ce chiffre, la délibération du conseil de famille doit échapper au contrôle des magistrats.

43. Bien que les termes de l'art. 2 déclarent formellement que l'appréciation qui sera faite par le conseil de famille de la valeur du titre à aliéner déterminera les cas où il y aura lieu à l'homologation, le ministre des finances, dans l'intérêt du Trésor public, s'est préoccupé des difficultés qui pourraient être

(1) Loi du 27 février 1880, art. 2.

soulevées, si ce titre changeait de valeur entre le jour de la délibération et celui de la négociation. Ainsi, un titre de rente représentant un capital inférieur à 1,500 fr. d'après le cours de la Bourse au jour de la délibération peut être vendu pour une somme supérieure. Le ministre de la justice, consulté sur le point de savoir si, dans ce cas, la vente faite sans homologation pourrait être contestée, a répondu par le texte même de l'art. 2.

« Le législateur s'en remet, dit-il, à l'appréciation du conseil de famille, et quand celui-ci a estimé, au moment où il délibérait, et en se renfermant d'ailleurs dans les termes de la loi, que l'homologation du tribunal n'était pas nécessaire eu égard à la valeur des titres qu'il s'agissait d'aliéner, l'aliénation autorisée par lui peut être effectuée régulièrement, alors même que la situation se trouverait modifiée au moment de la vente.

« Je pense, ajoute M. le garde des sceaux, que dans ces conditions, l'appréciation du conseil couvrira complètement la responsabilité des représentants du Trésor et des agents de change. Par voie de conséquence, dans le cas où la valeur des titres à aliéner viendrait à diminuer après la délibération, l'homologation jugée nécessaire au moment de cette délibération n'en devrait pas moins être obtenue.

« Toutefois, pour éviter toute incertitude, il conviendra d'insérer dans les délibérations les formules suivantes : Si la valeur des titres, rentes sur l'Etat, obligations des chemins de fer, etc., n'excède pas 1,500 fr. en capital, on ajoutera : *La valeur des titres dont la désignation précède n'excédant pas 1,500 fr., la présente délibération n'est pas soumise à l'homologation du tribunal.* Dans l'hypothèse contraire, la délibération contiendra cette mention : *La valeur du titre ou des titres dont la désignation précède excédant 1,500 francs, la délibération sera soumise à l'homologation du tribunal* (1). »

44. Cette solution, dont la décision nous paraît basée sur les termes de la loi, a été acceptée par M. le ministre des finances, qui, dans les instructions données aux agents du Trésor, déclare qu'il n'y a pas lieu de se préoccuper des différences que pourront entraîner les fluctuations dans les cours, entre la date

(1) Circulaire du garde des sceaux, 20 mai 1880. S. V. *Lois annotées*, 1880, p. 553.

de la délibération du conseil de famille et celle du transfert, la responsabilité des agents du Trésor étant couverte par l'appréciation du conseil. Il en est de même à l'égard des agents de change et autres intermédiaires des ventes de meubles incorporels appartenant aux mineurs et interdits. Leur responsabilité, comme celle du tuteur lui-même, est couverte par l'appréciation énoncée dans la délibération du conseil de famille (1).

45. Toutefois, si cette appréciation était, d'une manière évidente, contraire à la vérité et faite en fraude de la loi, le tuteur et, à son défaut, les agents de change et les représentants du Trésor ou des compagnies pourraient refuser de s'y soumettre. Supposons, par exemple, qu'il s'agisse d'une action de la Banque de France ou de toute autre compagnie, dont le cours moyen ou la valeur certaine dépasse 3,000 francs, et que le conseil déclare apprécier la valeur de ce titre à un chiffre inférieur à 1,500 francs, cette appréciation ne lierait pas les agents intermédiaires de la vente, ni ceux chargés du transfert, qui engageraient leur responsabilité personnelle en acceptant une délibération de cette nature sans en exiger l'homologation. Le refus de prêter leur concours à l'aliénation ou au transfert contraindrait le tuteur à s'adresser aux tribunaux, qui décideraient s'il y a fraude à la loi, et si l'homologation est nécessaire.

46. Nous avons dit que le conseil de famille ne doit pas autoriser le tuteur à vendre un titre indivis, sur lequel le mineur n'a que des droits indéterminés. Une demande de cette nature peut cependant lui être soumise irrégulièrement. Dans ce cas, devra-t-il, en appréciant la part du mineur, déclarer qu'elle représente un capital inférieur à 1,500 francs, et qu'il n'y a point lieu, dès lors, de faire homologuer la délibération qui en autorisera l'aliénation? La négative ne nous paraît pas douteuse. Une pareille déclaration équivaudrait à un partage, et le conseil de famille n'a le droit d'autoriser l'aliénation que de la part attribuée au mineur par une liquidation régulière antérieure (2). Dans le cas d'indivision, les agents de change et autres officiers ministériels chargés de la vente, les représentants du Trésor ou des compagnies auxquels les titres seraient remis pour les transferts, pourront exiger la justification du

(1) Circulaire du directeur de la dette inscrite, 10 mars 1880, rapportée par Bioche, *Journal proc.*, 1880, art. 11436.

(2) *Suprà*, n° 31. V. aussi Circul. min. de la justice, 10 mai 1880

partage formant attribution au profit du mineur, et, à défaut de cette justification, ils devront refuser de faire la négociation ou le transfert, jusqu'à la production du jugement portant homologation de la délibération du conseil de famille.

Pour agir régulièrement, le tuteur ne doit demander l'autorisation d'aliéner la part appartenant au mineur dans le titre indivis que lorsque cette part a été déterminée par le partage. Alors, le conseil de famille pourraapprécier la valeur de la portion régulièrement attribuée au mineur, et décider dans les termes ordinaires s'il y a lieu ou non à l'homologation de sa délibération.

47. Le tribunal saisi d'une demande d'homologation, dans les cas où elle est déclarée nécessaire par la loi, doit-il se borner à l'accorder ou à la refuser, ou peut-il modifier les mesures prescrites par le conseil, notamment pour l'emploi des capitaux à provenir de l'aliénation ? Il est admis en principe que le tribunal ne peut point se substituer au tuteur et au conseil de famille, en modifiant l'objet de la demande. Ainsi, si le conseil avait autorisé l'aliénation d'une inscription de rentes sur l'Etat pour le paiement de dettes, le tribunal ne pourrait pas déclarer qu'il est plus avantageux pour le mineur de vendre d'autres valeurs, ou prescrire d'autres mesures telles qu'un emprunt (1).

Mais, si le tribunal admet en principe qu'il y a lieu d'approuver et de maintenir l'autorisation donnée par le conseil de famille, il peut, en homologuant la délibération, prescrire d'autres mesures que celles indiquées par ce conseil pour l'emploi et la garantie des capitaux provenant de l'aliénation, de manière à sauvegarder plus complètement les intérêts du mineur. Ce sont là des mesures accessoires qui ne dénaturent pas le caractère de la délibération dont l'homologation est demandée, et qui en sont seulement la conséquence et le complément utile.

Telle est depuis longtemps la jurisprudence constante du tribunal de la Seine, lorsqu'il s'agit d'aliénation d'immeubles appartenant au mineur (2), et elle se trouve confirmée par la discussion qui a eu lieu devant les Chambres, à l'occasion de la

(1) · ass., 9 février 1863 S. V. 63, 1, 113.
(2) Bertin, *Ch. du conseil*, n° 543, 2e édit.

loi du 27 février 1880. La commission du Sénat s'est déterminée à exiger l'homologation, lorsque l'aliénation présente une certaine importance, non seulement dans la crainte que le conseil de famille n'autorise trop facilement les aliénations, mais aussi pour permettre aux tribunaux de vérifier si la vente était utile, lorsqu'il s'agirait uniquement de changer le mode de placement des capitaux du mineur. C'est ce qui résulte du second rapport présenté par M. Denormandie au Sénat, dans la séance du 17 décembre 1879. Il s'exprime en ces termes :

« Quand et dans quelles circonstances se présentent en cette matière les vraies questions ? Ce n'est certainement pas lorsqu'il s'agit d'un petit capital..., c'est lorsqu'il s'agit de sommes importantes que naissent les embarras sérieux. Convient-il de laisser les intérêts du mineur employés en telles valeurs, peut-être un peu aléatoires ? Convient-il de faire le déplacement de cette valeur ? Faut-il rechercher un emploi qui donne un intérêt moindre, mais dont le capital présente plus de sûreté ? Y a-t-il lieu de se préoccuper de l'avenir du mineur et de lui procurer telles ou telles valeurs, en vue des perspectives qui peuvent exister dans sa situation... Ce sont là les véritables questions, et elles s'agitent surtout à l'occasion des fortunes importantes (1). »

Si ces questions ont préoccupé le législateur et l'ont déterminé à exiger l'homologation de la délibération du conseil de famille, toutes les fois qu'elle porterait sur un capital supérieur à 1,500 fr., il faut en conclure que, dans sa pensée, les tribunaux doivent non seulement examiner s'il y a lieu à l'aliénation demandée, mais si l'emploi nouveau autorisé par le conseil de famille est prescrit dans l'intérêt du mineur. Si les magistrats saisis de la question pensent que l'aliénation doit être autorisée, en raison, par exemple, des incertitudes que présentent les titres ou valeurs appartenant au mineur, ils homologueront la délibération, mais ils pourront modifier le mode d'emploi indiqué par le conseil de famille, et y substituer d'autres mesures qui leur sembleraient de nature à mieux sauvegarder les intérêts du mineur.

48. La commission du Sénat, en rédigeant l'art. 2 qui dé-

(1) Second rapport de M. Denormandie. *Journal officiel*, 26 janvier 1880, p. 780.

clare que la délibération du conseil de famille doit être soumise à l'homologation du tribunal dans les cas qu'il détermine, n'avait point cru utile de réserver expressément dans ce cas l'application de l'art. 883 du Code de procédure civile. Cet article permet au tuteur et aux membres du conseil de famille de se pourvoir contre la délibération, lorsqu'elle n'a pas été unanime. Leur demande est alors formée contre les membres qui ont été d'avis de la délibération. La Chambre des députés a pensé qu'il était préférable de compléter sur ce point les dispositions de l'art. 2, en déclarant qu'il n'était point dérogé à l'art. 883. Elle n'a fait que sanctionner ainsi les décisions de la jurisprudence, qui sont unanimes à reconnaître qu'il n'y a aucune distinction à faire à cet égard entre les délibérations que la loi soumet expressément à l'homologation, et celles qui sont exemptes de cette formalité. Ces dernières sont susceptibles de recours aussi bien que les premières (1). Les délibérations du conseil de famille relatives aux autorisations demandées par le tuteur pour l'aliénation de valeurs mobilières appartenant au mineur doivent donc, lorsqu'elles ne sont pas unanimes, mentionner l'avis de chacun des membres qui la composent, conformément à l'art. 883 du Code de procédure civile.

49. Le tribunal compétent pour statuer sur la demande d'homologation est celui dans le ressort duquel la délibération a été prise, c'est-à-dire celui du lieu de l'ouverture de la tutelle ou du domicile du tuteur. Il a été reconnu par plusieurs arrêts que lorsque la tutelle est régulièrement constituée, et qu'il s'agit d'une délibération relative à l'administration du tuteur, le conseil de famille peut être régulièrement convoqué au lieu du domicile du tuteur. Mais il est préférable de le réunir au lieu de l'ouverture de la tutelle (2). Le lieu où aura lieu la réunion du conseil de famille déterminera, conformément au droit commun, la compétence du tribunal qui devra être saisi de la demande en homologation.

50. L'art. 2 de la loi du 27 février 1880 se termine par une

(1) Toulouse, 22 février 1854, D. P. 54, 2, 239; Colmar, 19 novembre 1857, S. V. 58, 2, 81; D. P. 59, 2, 36; Bioche, v° *Conseil de famille*, n° 57; Chauveau sur Carré, n° 2994; Magnin, *Minorités*, t. I, n° 349.

(2) Cass., 4 mai 1846, S. V. 46, 1, 465; Massé et Vergé, t. Ier, § 202. Voir aussi Demolombe, t. VII, n° 251; Aubry et Rau, t. I, p. 376.

disposition d'une certaine importance, en ce qu'elle modifie les règles du droit commun. Les adversaires de la mesure qui prescrit l'homologation des délibérations du conseil de famille, toutes les fois que l'aliénation représentera une valeur appréciée comme étant supérieure à 1,500 fr., signalaient surtout les inconvénients résultant de la lenteur des procédures. Lorsqu'il s'agira d'une opération à faire dans l'intérêt du mineur, et tendant à remplacer un titre aléatoire par l'achat d'autres valeurs offrant des avantages sérieux, le tuteur pourra, disaient-ils, être empêché de réaliser ce nouveau placement à un prix convenable, s'il doit attendre que le jugement d'homologation soit devenu définitif.

Cette considération avait en effet un certain poids. Lorsque l'on veut vendre des titres de valeurs mobilières, il importe souvent de saisir le moment opportun, et de réaliser la négociation avant qu'une baisse notable des cours ne la rende préjudiciable aux intérêts du possesseur. La commission du Sénat a pensé que le moyen d'éviter des lenteurs qui pourraient dans certains cas nuire aux intérêts du mineur, était de déclarer non susceptibles d'appel les jugements homologuant les délibérations du conseil de famille Il n'y avait pas de sérieux dangers à prescrire une disposition de cette nature. « Lorsque l'affaire aura été déjà examinée par le conseil de famille et par le tribunal, disait le rapporteur, elle aura subi en quelque sorte les deux degrés de juridiction, ce qui est le principe de notre législation. » En conséquence, la commission proposa d'ajouter à la fin de l'art. 2 une disposition en ces termes : « La délibération sera soumise à l'homologation du tribunal, qui statuera en la chambre du conseil, le ministère public entendu, *et en dernier ressort* (1). » Cette rédaction, acceptée par le Sénat, est suffisante pour éviter toute difficulté et dispenser les parties de produire aucune justification de nature à constater que le jugement est devenu définitif.

51. Nous avons dit que, lors de la discussion devant la Chambre des députés, la rédaction de cet article avait été modifiée, dans le but de réserver expressément l'application de l'art. 883 du Code de procédure civile. Après l'adjonction de cette réserve, l'article a été terminé en ces termes : « Dans tous les

(1) Séance du Sénat, 25 mai 1878. *Journal officiel*, 26 mai, p. 5766.

cas, le jugement sera rendu en dernier ressort. » Il ressort de cette nouvelle rédaction que cette disposition exceptionnelle s'applique, non seulement aux jugements d'homologation, mais à ceux qui interviendraient par application de l'art. 883, en cas de pourvoi du tuteur ou d'un des membres du conseil de famille contre la délibération, et que, dans ce cas, il n'y aura plus lieu d'appliquer l'art. 889 du Code de procédure, qui déclare que tout jugement rendu sur délibération du conseil de famille sera sujet à appel.

La dérogation apportée par la loi de 1880 à cet article s'explique par le désir de ne point compliquer la procédure et d'éviter les lenteurs, lorsque la seule question soumise au conseil de famille est de savoir s'il y a utilité ou opportunité à aliéner des valeurs mobilières dont le tuteur pouvait, avant cette loi, disposer a son gré. Dans les cas où il y aura lieu d'appliquer l'art. 883, on peut craindre que le mauvais vouloir d'un membre de la famille ne vienne entraver une opération utile, et le législateur a pensé que la décision du tribunal suffisait pour assurer que la délibération attaquée avait été prise dans l'intérêt du mineur.

Toutefois, il est regrettable que dans le rapport de la commission, ou au cours de la discussion, aucune explication n'ait été donnée sur ce point. La procédure indiquée par l'art. 883 saisit le tribunal d'un litige sérieux ; ce n'est plus un simple contrôle qui lui est demandé. La cause est jugée sommairement, mais en audience ordinaire, et il ne peut pas y être statué en la chambre du conseil. La dérogation apportée à l'art. 889 du Code de procédure civile a donc une importance considérable, qui méritait une disposition plus précise. Mais en présence du changement de rédaction de l'art. 2, de l'introduction dans cette rédaction des mots *dans tous les cas*, qui ont été ajoutés après la mention relative à l'art. 883, il nous paraît incontestable que la loi a voulu déclarer non susceptibles d'appel non seulement les jugements d'homologation, mais ceux rendus sur les pourvois formés contre toute délibération concernant une demande d'autorisation d'aliéner les valeurs mobilières appartenant à des mineurs ou à des interdits.

52. L'art. 3 de la loi déclare que l'aliénation autorisée par le conseil de famille sera opérée par le ministère d'un agent de change et au cours moyen du jour, toutes les fois que les va-

leurs seront négociables à la Bourse. La rédaction de cet article, qui n'est que la reproduction d'une disposition analogue contenue au projet présenté par le gouvernement, a cependant subi, à la Chambre des députés, une légère modification. La rédaction primitive de l'article du projet, adoptée sans observations par le Sénat, portait que l'aliénation aurait lieu *à un cours officiellement déterminé*. La commission de la Chambre des députés a préféré se servir d'une locution qui écarte toute difficulté, et a remplacé le texte primitif par ces mots : *Au cours moyen du jour*. Ces expressions ayant été acceptées par le Sénat, il est sans intérêt de rechercher quelle est la rédaction la plus juridique. Dans la pratique, les agents de change ne se chargeant ordinairement de la négociation des valeurs que lorsqu'elles sont cotées à la Bourse, le cours de ces valeurs est officiellement déterminé. Toutefois, nous préférons la rédaction adoptée par la Chambre des députés. Pendant la durée de la Bourse, les cours des valeurs varient entre des chiffres officiels, mais qui peuvent être différents suivant que l'opération a été faite à telle ou telle heure. Comment eût-il été possible de déterminer d'une manière précise le cours de l'aliénation? Il eût été nécessaire de s'en rapporter aux mentions portées sur le carnet de l'agent de change. Le cours moyen est au contraire toujours fixé d'une manière officielle, par la cote arrêtée chaque jour par la chambre syndicale.

L'art. 3 ordonne, d'ailleurs, que toutes les valeurs négociables à la Bourse seront vendues par ministère d'agent de change. Il existe un certain nombre de valeurs qui ne sont point portées sur la cote officielle, mais qui sont susceptibles d'être cotées. Dans les usages de la Bourse de Paris, les agents de change abandonnent ordinairement la négociation de ces valeurs aux coulissiers, agents sans caractère légal, qui ne présentent point toutes les garanties exigées par la loi. Lorsque des titres de cette nature appartenant à un mineur devront être vendus, le tuteur sera tenu de s'adresser à un agent de change, qui ne pourra point refuser son ministère en présence des termes précis de l'art. 3. Dans ce cas, la première rédaction adoptée par le Sénat eût pu soulever certaines difficultés, le cours ne pouvant pas être officiellement déterminé, si les valeurs ne sont point portées sur la cote de la Bourse. Il sera toujours facile, au contraire, de fixer le cours moyen, dont le texte de l'article n'exige point une détermination officielle.

53. Il était impossible d'indiquer un mode de vente spécial pour les autres valeurs mobilières, rentes sur particuliers, créances, fonds de commerce, etc. La loi laisse implicitement au conseil de famille le soin de déterminer la forme de la vente. Cette détermination est une des mesures que doit prescrire ce conseil en autorisant l'aliénation. Aucun doute ne peut s'élever à cet égard, et la pensée du législateur a été indiquée d'une manière précise dans le premier rapport présenté au Sénat par M. Denormandie.

« On aurait pu se demander, dit ce rapport, s'il fallait réglementer la vente des valeurs non négociables à la Bourse. Il nous a paru impossible d'entrer dans cet ordre d'idées. Les valeurs auxquelles on fait ici allusion sont variables à l'infini. Elles se rattachent à tel ou tel commerce; elles dépendent de telle ou telle industrie; ce sont des parts, ou des droits, ou des intérêts, le tout souvent non défini et n'étant l'objet d'aucun marché appréciable. Leur valeur dépend d'une foule de circonstances. S'il est utile souvent de les vendre aux enchères publiques, il est parfois indispensable de les réaliser de gré à gré, au mieux des intérêts du propriétaire. Elles peuvent être utilement aliénées sur telle place plutôt que sur telle autre, et dans telle ou telle condition. En résumé, pour les valeurs de cette nature, comme il était impossible de tout prévoir, il était impossible d'imposer un mode de procéder. Les parties resteront donc à cet égard dans le droit commun. Le conseil de famille et, en cas d'homologation, le tribunal prescriront ce qui leur semblera le plus utile (1). »

Ces déclarations du rapporteur n'ont soulevé aucune contestation, et doivent dès lors servir de base à la conduite du tuteur. Rien ne s'oppose à ce qu'il traite à son gré, et sous sa propre responsabilité; mais il agira prudemment en consultant le conseil de famille, auquel il est obligé de demander l'autorisation d'aliéner, sur le mode qui lui semblera préférable pour cette aliénation, et le conseil ne pourra pas refuser de s'expliquer sur ce point. La responsabilité du tuteur sera ainsi complètement couverte, surtout si les mesures prescrites par le

(1) Premier rapport de M. Denormandie au Sénat. *Journal officiel*, 7 mai 1878. S. V. *Lois annotées*, 1880, p. 549, note 3.

conseil de famille ont été sanctionnées par l'homologation du tribunal.

54. Les trois premiers articles de la loi du 27 février 1880 dont nous venons d'examiner les dispositions sont complétés par l'art. 12, qui abroge la loi du 24 mars 1806 et le décret du 25 septembre 1813, concernant les rentes sur l'Etat et les actions de la Banque de France. Ces articles renferment toutes les prescriptions relatives à l'aliénation des valeurs mobilières et des autres meubles incorporels appartenant aux mineurs et aux interdits. L'article suivant étend l'application de la loi au mineur émancipé au cours de la tutelle. Mais avant d'étudier cette disposition spéciale, il importe de faire connaître les règles concernant la conversion des titres nominatifs en titres au porteur, et les obligations imposées au tuteur. Nous renvoyons donc l'examen de l'art 4 au chapitre dans lequel nous rechercherons à quelles personnes doivent être appliquées les diverses prescriptions de la loi du 27 février 1880.

CHAPITRE II.

DE L'OBLIGATION DE CONVERTIR LES VALEURS AU PORTEUR EN TITRES NOMINATIFS.

SOMMAIRE :

55. Dangers que présentait la remise des titres au porteur entre les mains du tuteur.
56. Décisions de la jurisprudence concernant le droit de conversion. Réclamations qui en furent la suite.
57. Dispositions du projet de loi.
58. De quelle époque court le délai de trois mois imparti au tuteur pour convertir les valeurs en titres nominatifs.
59. Réserve du cas où l'aliénation serait nécessaire.
60. Le tuteur ne peut vendre, pendant le délai de conversion, aucun titre au porteur sans l'autorisation du conseil de famille.
61. Faculté accordée au conseil de proroger le délai de conversion.
62. Mesures à prendre en cas de prorogation.
63. Et dans le cas où la conversion ne peut pas être opérée.
64. Dépôt des titres à la Caisse des consignations ou entre les mains d'un tiers.

65. Le tuteur peut être autorisé à conserver les titres.
66. Précautions nécessaires en cas de dépôt.
67. Nécessité de respecter les conventions antérieures.
68. Suite.
69. Réserve expresse des droits des tiers.
70. Importance des questions soumises au conseil de famille.
71. L'homologation des délibérations prises en exécution de l'art. 5 n'est pas nécessaire. Critique de la loi sur ce point.
72. Elles peuvent être attaquées conformément à l'art. 883 du Code de proc. civile.
73. Procédure en cas de pourvoi contre ces délibérations. Les jugements sont sujets à appel.
74. Conversion des titres nominatifs en titres au porteur.
75. Elle est assimilée pour les mineurs à un acte d'aliénation.
76. Cette disposition n'est pas applicable aux autres incapables.
77. Résumé des règles concernant les conversions des titres appartenant aux mineurs.
78. L'art. 10 n'est pas applicable en cas de conversion par mesure d'ordre, pour faciliter le remboursement des titres.

55. Les obligations nouvelles imposées au tuteur, et les formalités prescrites par la loi du 27 février 1880 pour garantir la fortune mobilière des mineurs ou interdits, seraient restées impuissantes, si la loi s'était bornée aux dispositions que nous venons d'exposer. Les titres au porteur échappent à ces prescriptions, par la possibilité inhérente à leur forme de les transmettre de la main à la main, sans négociation ni transfert ; et, il faut bien le reconnaître, si les valeurs mobilières ont pris le développement que nous avons signalé, il est dû en grande partie à la faveur qu'ont obtenue les titres de cette nature.

Il est facile de comprendre combien cette forme de titres présente de dangers pour la fortune des mineurs. S'il leur advient, au cours de la tutelle, de recueillir des valeurs représentées par des titres au porteur, la propriété peut leur en être contestée au décès de leur tuteur, si ces titres sont trouvés dans le portefeuille de ce dernier, sans qu'aucun écrit constate à qui ils appartiennent en réalité. De plus, un tuteur peu délicat peut céder ces valeurs à des tiers sans aucune formalité, par la simple remise des titres, et en employer le produit à ses besoins personnels, ou du moins verser les capitaux provenant de la vente dans son commerce ou dans son industrie personnelle. En admettant même que les mineurs puissent dans certains cas, au moment de leur majorité, établir qu'attribution leur a été faite, par un acte de partage ou par un legs particulier, d'un certain nombre de titres de valeurs mobilières, il leur sera le plus souvent impossible de constater à quelle époque et à quel cours ils ont été vendus par le tuteur. Il est vrai qu'antérieurement à la loi de 1880, les mêmes dangers existaient pour les titres nominatifs, le tuteur pouvant aliéner sans autorisation du conseil de famille, et sous sa responsabilité personnelle, les valeurs appartenant à son pupille. Mais la nécessité de recourir à une négociation régulière et de remplir les formalités d'un transfert mettait un frein à la disposition arbitraire de ces valeurs, et il était du moins possible, si ces titres étaient vendus, de retrouver la trace de leur négociation ou des transferts inscrits sur les registres des compagnies, et d'établir ainsi l'époque et le prix de la cession. Le tuteur devait d'ailleurs hésiter à négocier des titres nominatifs, en raison des formalités à remplir, alors que, sans aucune intention de fraude, il se laissait facilement entraîner à la vente des titres au porteur, qu'il espérait pouvoir racheter et restituer au mineur avant l'époque de sa majorité.

56. Ces dangers avaient encore été augmentés dans les dernières années, par les décisions de la jurisprudence, dont il était difficile de contester les solutions juridiques. Des tuteurs avaient demandé aux compagnies émissionnaires de titres d'actions ou d'obligations de convertir en titres au porteur des valeurs nominatives immatriculées au nom de leurs pupilles. Les grandes compagnies de chemins de fer, comprenant les inconvénients que présentait cette conversion, avaient refusé de l'opérer. La question fut portée devant les tribunaux, et il fut reconnu que la conversion, n'étant en réalité qu'une modification de forme, qui ne diminuait en rien les droits de celui auquel les titres appartenaient, ne constituait qu'un acte d'administration, dont la loi ne permettait pas de refuser l'exercice aux tuteurs (1). Il n'existait de prohibition qu'à l'égard des inscriptions de rentes sur l'Etat, la question ayant été réglée en ce qui concerne ces titres par une disposition expresse. Une ordonnance royale du 29 avril 1831 déclare, en

(1) Paris, 11 décembre 1871, S. V. 71, 1, 249 ; Cass., 4 août 1873, S. V. 73, 1, 441, D. P. 75, 5, 468. Conf. Laurent, *Princ. du droit civil*, t. XX, p. 304 et notre *Traité des opérations de la Bourse*, n°s 627 et suiv.

effet, que la conversion des rentes nominatives en rentes au porteur ne sera pas admise par le Trésor pour certaines inscriptions, parmi lesquelles figurent celles appartenant à des mineurs (1). Mais cette règle spéciale et exceptionnelle ne pouvait pas être étendue, par voie d'analogie, aux titres des autres valeurs mobilières.

Le droit de conversion, reconnu par les tribunaux comme ne pouvant pas être refusé aux tuteurs pour les titres appartenant à leurs pupilles et qui sont remis entre leurs mains, avait pour conséquence de rendre illusoires les précautions qui étaient prises dans l'intérêt de ces incapables. En vain exigeait-on, au moment d'une liquidation régulière, l'immatricule au nom des mineurs des valeurs mobilières qui leur étaient attribuées. Le tuteur pouvait en demander la conversion en titres au porteur, de manière à les aliéner ensuite à son gré. Cette jurisprudence avait ému non seulement les personnes peu habituées à l'application des règles rigoureuses du droit, mais la Chambre des notaires de Paris, et quelques grandes compagnies avaient fait parvenir au ministre de la justice l'expression de leurs préoccupations. Le pouvoir accordé au tuteur, disait-on en leur nom, présente des dangers sérieux pour les incapables. La conversion peut bien, à un certain point de vue, n'être considérée que comme un acte d'administration, en ce sens qu'elle n'entraîne par elle-même aucune aliénation immédiate de propriété ; mais elle facilite cette aliénation, sans contrôle possible, et modifie en réalité la situation du possesseur ; elle dessaisit celui qui était personnellement investi d'un droit incorporel, et ne lui laisse que le droit attaché à la possession d'un titre transmissible de la main à la main, comme la monnaie ou le billet de banque. C'est ainsi qu'elle a toujours été considérée par les lois fiscales, qui assimilent la conversion à l'aliénation pour la perception du droit de transmission (2). L'ordonnance du 29 avril 1831 a paré aux dangers signalés, en prohibant la conversion en titres au porteur des inscriptions nominatives de rentes sur l'Etat. Il était nécessaire d'étendre cette prohibition, et de garantir les mineurs contre les conséquences désastreuses

(1) Ordonnance 29 avril 1831, art. 9.
(2) Loi 23 juin 1857, art. 8.

des décisions de la jurisprudence, au moyen d'une disposition législative.

57. Ces considérations décidèrent le gouvernement à présenter le projet de loi, qui devint plus tard la loi du 27 février 1880 (1) et dont l'art. 3 imposait au tuteur l'obligation de convertir en titres nominatifs les valeurs au porteur appartenant aux mineurs et interdits; l'art. 4 déclarait, en outre, que la conversion des titres nominatifs en titres au porteur serait assimilée à une aliénation et soumise aux mêmes conditions et formalités. La nécessité de ce principe tutélaire ne pouvait être contestée par personne; il a été sanctionné par les art. 5 et 10 de la loi de 1880, dont nous devons faire connaître les dispositions.

La commission du Sénat, tout en maintenant l'obligation imposée au tuteur de convertir en titres nominatifs les valeurs au porteur appartenant au mineur, a apporté au texte du projet de loi différentes modifications, et certaines additions y ont été introduites au cours de la discussion devant les chambres. En premier lieu, le délai imparti au tuteur pour opérer la conversion, fixé par le projet à six mois du jour de l'ouverture de la tutelle ou de l'acquisition des valeurs, a été réduit à trois mois. Pour atteindre le but que se propose la loi, de garantir au mineur la conservation des valeurs mobilières qui lui appartiennent et qui sont représentées par des titres au porteur, il peut être utile de les laisser le moins longtemps possible à la disposition du tuteur. La demande de conversion n'exige aucune procédure, et s'il était nécessaire d'accorder un délai pour la réaliser, le terme devait en être restreint dans d'étroites limites. Celui de trois mois fixé par la commission du Sénat n'a soulevé aucune réclamation.

58. L'art. 5, dans son premier paragraphe, fait courir le délai de trois mois qu'il accorde au tuteur pour opérer la conversion, du jour de l'ouverture de la tutelle; mais cette disposition n'est applicable qu'aux titres qui appartiennent au mineur à cette époque, d'une manière certaine et déterminée. Lorsque le décès qui donne ouverture à la tutelle appelle en même temps le mineur à recueillir en totalité une succession dans laquelle se trouvent des titres au porteur, le tuteur auquel ces valeurs

(1) V. Exposé des motifs. Bioche, *Journal de proc.*, 1876, n° 10,759.

sont remises est soumis à l'obligation imposée par l'art. 5 de la loi de 1880, de convertir les titres dans le délai qu'il indique. Mais s'il existe d'autres héritiers ayant, concurremment avec le mineur, des droits à la succession, le délai de l'art. 5 ne pourra courir que du jour où il sera fait attribution au mineur de certaines valeurs déterminées, dont les titres seront remis entre les mains du tuteur.

Ce principe a été reconnu d'une manière incontestable lors de la discussion de la loi, dans le rapport fait au Sénat au nom de la commission. Le projet de loi n'avait prévu que deux faits comme pouvant servir de points de départ du délai fixé pour la conversion des titres au porteur, l'ouverture de la tutelle et l'acquisition par le tuteur de valeurs mobilières au cours de cette tutelle. La commission du Sénat a pensé que la rédaction de l'article qui lui était proposée ne répondait pas suffisamment à toutes les éventualités : « Il fallait prévoir également le cas où le mineur recueillerait des successions ou des legs, ou deviendrait donataire de valeurs représentées par des titres au porteur. De plus, l'ouverture de la tutelle ou celle de la succession peuvent ne pas mettre immédiatement le tuteur en possession des biens de son pupille. Le mineur peut avoir des cohéritiers ou des coïntéressés. Une instance en compte, liquidation ou partage peut être formée et entraîner de longues procédures. Il était nécessaire de dire que le délai de trois mois ne commencerait à courir qu'à partir de l'attribution définitive, ou de la mise en possession des valeurs (1). »

Le deuxième paragraphe de l'article ne laisse à cet égard aucun doute sur la pensée du législateur, et ne peut donner lieu à aucune difficulté. Il est ainsi conçu : « Il (le tuteur) devra également convertir en titres nominatifs les titres au porteur qui adviendraient au mineur ou à l'interdit de quelque manière que ce fût, et ce, dans le même délai de trois mois à partir de l'attribution définitive ou de la mise en possession de ces valeurs. »

La rédaction qui a été adoptée n'a pas reproduit les termes du projet de loi, en ce qui touche l'acquisition de valeurs mobilières faites pour le mineur au cours de la tutelle ; mais il est incontestable que cette hypothèse rentre dans les termes généraux de l'art. 5 qui, en ordonnant la conversion des titres au porteur

(1) 1er rapport de M. Denormandie, 2 avril 1878, *Journal offic.*, 7 mai.

qui adviendraient au mineur de quelque manière que ce soit, fait courir dans ce cas le délai de trois mois du jour de la mise en possession de ces valeurs.

59. Lorsque le mineur possède des titres de valeurs mobilières au moment de l'ouverture de la tutelle, il peut être obligé de payer des dettes, ou de remplir des obligations rendues exigibles par l'événement même qui donne ouverture à la tutelle. Devait-on laisser le tuteur libre de disposer à son gré de ces valeurs, ou l'obliger, si elles sont représentées par des titres au porteur, de les convertir en titres nominatifs, bien qu'elles ne puissent pas être conservées en nature? Si l'on eût imposé cette obligation au tuteur, le mineur aurait dû supporter sans aucun avantage les frais de la conversion et le paiement des droits de transmission qu'elle entraîne. Pour éviter ces inconvénients, l'art. 5 autorise implicitement le conseil de famille à prendre telle décision qui lui semblera préférable dans l'intérêt du mineur, en déclarant que la conversion ne doit être faite dans le délai qu'il détermine que lorsque le conseil de famille n'aura pas jugé l'aliénation des valeurs nécessaire ou utile.

La rédaction du deuxième paragraphe de l'art. 5 a subi sur ce point, à la Chambre des députés, une modification, moins insignifiante qu'elle ne le paraît au premier abord. L'article adopté par le Sénat ordonnait la conversion des titres dont le conseil n'aurait pas jugé l'aliénation *nécessaire pour subvenir à des besoins urgents*. Cette rédaction pouvait apporter à la décision du conseil de famille une restriction regrettable. Supposons qu'au moment de l'ouverture de la tutelle, le tuteur expose au conseil de famille que le mineur est en possession de titres au porteur d'une certaine importance, dont aucun besoin urgent ne nécessite la vente, mais qu'il croit utile d'aliéner pour faire un placement plus avantageux ou pour faciliter au mineur l'exploitation d'une industrie. Le texte adopté par le Sénat aurait pu paraître s'opposer à ce que l'aliénation fût autorisée par le conseil de famille, puisqu'elle ne serait nécessitée dans ce cas par aucun besoin urgent. Il a semblé préférable de donner une certaine latitude à la détermination du conseil. «Il ne faut pas, disait le rapporteur devant le Sénat, que le conseil de famille, le juge de paix, le tuteur, se croient enfermés par la loi dans un cercle trop étroit, trop limitatif (1).»

(1) Séance du Sénat, 25 mai 1878. *Journal offic.*, 26 mai.

La rédaction adoptée par la Chambre des députés a étendu ses pouvoirs, de manière à apporter moins d'obstacles à l'administration du tuteur.

60. La loi, en accordant au tuteur un délai de trois mois pour convertir en titres nominatifs les valeurs au porteur appartenant à son pupille, n'a point entendu le laisser libre de disposer pendant cet intervalle des titres qui lui sont remis. Ce serait une atteinte portée à l'art. 1er, qui prohibe toute aliénation de droits mobiliers sans autorisation du conseil de famille, et qui ne fait aucune distinction entre les titres qui les représentent. Toutefois, l'aliénation de valeurs au porteur faite dans ces conditions par simple tradition, ou même par négociation à la Bourse, ne pourrait pas être annulée, si l'acheteur avait ignoré que les titres livrés appartenaient à un mineur : mais le tuteur engagerait sérieusement sa responsabilité, et devrait être contraint de restituer les capitaux provenant de la vente. Un abus de cette nature sera rare. Il n'est à craindre que de la part du père tuteur légal qui, nanti antérieurement à l'ouverture de la tutelle, des titres appartenant à ses enfants, peut en disposer à l'insu des membres de la famille. Mais l'affection qu'il porte aux pupilles doit rassurer contre les dangers que présenteraient ces aliénations. A l'égard du tuteur datif, la remise des titres entre ses mains est en général constatée par des actes réguliers qui en assurent la conservation au profit du mineur.

61. Malgré la volonté formelle de garantir la fortune mobilière du mineur, manifestée par l'obligation imposée au tuteur de convertir toutes les valeurs en titres nominatifs, le législateur ne devait pas se montrer trop absolu, ni entraver l'administration de la tutelle. Il peut se présenter des circonstances où la conversion serait inutile, ou impossible à réaliser dans le délai de trois mois fixé par la loi. On peut citer, comme exemple, le cas où la minorité est sur le point de prendre fin, ou bien celui où il s'agirait de convertir des titres de valeurs étrangères dont le transfert devrait être opéré hors du territoire de la France. Si le tuteur ne peut pas réaliser la conversion dans le délai déterminé par la loi, ou si cette opération semble être désavantageuse au mineur, le conseil de famille a le droit de fixer pour la conversion un terme plus long. Cette faculté lui est accordée par le troisième paragraphe de l'art. 5. On a pensé que

son intervention pour proroger le délai légal suffirait pour empêcher tout abus, et éloigner toute crainte d'arbitraire de la part du tuteur.

Le Sénat, en votant ce paragraphe, y avait inséré cette restriction, que le terme accordé par le conseil de famille ne pourrait pas excéder six mois. Cette formule restrictive a été supprimée par la Chambre des députés, afin de laisser au conseil de famille une complète latitude dans l'appréciation des circonstances imprévues qui peuvent empêcher ou retarder la conversion.

62. Lorsque le conseil de famille accorde au tuteur une prorogation de délai pour opérer la conversion prescrite par la loi, il doit prendre certaines précautions pour assurer la conservation des titres du mineur. L'art. 5, dans son quatrième paragraphe, déclare expressément qu'il pourra prescrire le dépôt des titres, soit à la Caisse des consignations, soit entre les mains d'une personne ou d'une société déterminée. Nous examinerons, en étudiant ce paragraphe, les questions que peut soulever la faculté laissée au conseil de famille de choisir le lieu du dépôt. Il suffit quant à présent de remarquer que la loi n'ordonne pas d'une façon impérative la mesure qu'elle indique. Elle se borne à énoncer que le conseil *pourra prescrire le dépôt* des titres au porteur. Elle s'en rapporte donc à la décision des membres du conseil de famille. Si la prorogation accordée au tuteur pour opérer la conversion est de courte durée, s'il n'y a aucun danger que les titres au porteur soient détournés ou aliénés au préjudice du mineur, si, en un mot, le conseil de famille trouve dans la situation du tuteur et dans sa responsabilité personnelle toutes les garanties désirables pour la conservation des titres, il peut être inutile d'ordonner un dépôt qui entraînerait certains frais ou certaines difficultés au moment du retrait. Dans ce cas, le conseil, en accordant la prorogation de délai sollicitée par le tuteur pour la conversion, autorisera ce dernier à conserver les titres entre ses mains. Si, au contraire, il pense que la prorogation jugée nécessaire peut être préjudiciable au mineur, s'il a des craintes sur la conservation en nature des titres au porteur, il en ordonnera le dépôt dans les termes prévus par le paragraphe 4 de l'art. 5. La loi s'en rapporte sur ce point à son appréciation souveraine, qui ne pourrait être contestée par le tuteur

que si la délibération n'était pas unanime et suivant le mode prescrit par l'art. 883 du Code de procédure civile.

63. Le projet de loi présenté par le gouvernement concernant la disposition qui est devenue l'art. 5 de la loi, prévoyait une autre hypothèse, celle où les valeurs ne seraient pas de nature à être converties en titres nominatifs, ce qui peut arriver, par exemple, si les statuts de la société émissionnaire prohibent cette transformation. Le cas se présentera rarement pour les valeurs françaises, la loi fiscale du 23 juin 1857 déclarant que, dans les sociétés qui admettent les titres au porteur, tout propriétaire d'actions ou d'obligations a toujours la faculté de convertir ses titres au porteur en titres nominatifs (1). Nous n'avons pas à rechercher ici si, malgré la disposition de la loi de 1857, il n'existe pas certaines valeurs françaises dont tous les titres ont été émis au porteur; mais le mineur peut posséder des valeurs étrangères qui ne soient pas susceptibles d'être représentées par des titres nominatifs, ce qui rendrait impossible l'exécution de l'obligation imposée au tuteur par l'art. 5 de la loi de 1880. Il fallait prévoir cette hypothèse et y remédier.

Outre l'immatricule des titres au nom du mineur, il existe deux moyens de garantir la conservation de ses droits et de sa fortune mobilière, l'aliénation avec remploi des valeurs qui lui appartiennent, ou leur conservation en nature, qui peut être autorisée par le conseil de famille, et garantie à l'aide de précautions de nature à en empêcher la libre disposition. Le premier cas ne soulève aucune difficulté. L'aliénation avec remploi sera faite dans les termes des art. 1, 2 et 3 de la loi de 1880. Le conseil de famille qui autorisera la vente, prescrira les mesures nécessaires pour assurer le remploi, soit en un placement immobilier, soit au moyen de l'achat de rentes sur l'État ou d'autres valeurs qui seront immatriculées au nom du mineur. La délibération sera soumise à l'homologation du tribunal si les valeurs représentent un capital supérieur à 1,500 francs, et les négociations pour la vente et le remploi seront faites par le ministère d'un agent de change. La situation est ainsi régularisée, et le mineur se trouve dans la même position que dans le cas d'une simple conversion, si ce n'est qu'il possède des valeurs d'une autre nature.

(1) Loi fin. 23 juin 1857, art. 8.

Mais il est possible qu'une opération de vente et de remploi ne puisse pas avoir lieu sans préjudicier au mineur, sans lui imposer une perte sur son capital ou tout au moins une diminution notable de ses revenus. Dans ce cas, il y a intérêt à conserver les titres ; mais ils ne doivent pas rester à la disposition du tuteur, qui pourrait, en raison de leur forme au porteur, les aliéner sans autorisation.

64. Le projet de loi proposait d'autoriser « le conseil de famille à prescrire le dépôt des titres, au nom du mineur, entre les mains d'une personne ou d'une société spécialement désignée à cet effet. » Cette rédaction a paru trop limitative. Il a semblé nécessaire d'ajouter la Caisse des consignations comme lieu de dépôt présentant des garanties incontestables. Cet établissement, institué par la loi du 28 avril 1816 pour recevoir les dépôts de deniers litigieux, a été chargé par la loi du 28 juillet 1875 de recevoir, dans les mêmes circonstances, les titres et valeurs mobilières (1). Il était ainsi naturellement indiqué pour assurer la conservation des valeurs appartenant à des incapables. La Banque de France, qui avait été également proposée comme lieu de dépôt, offrait des garanties non moins certaines ; mais elle n'accepte en général que des dépôts volontaires effectués par les personnes maîtresses de leurs droits, et depuis la promulgation de la loi du 28 juillet 1875, elle refuse de recevoir les valeurs litigieuses et celles qui, la propriété n'en étant pas complètement libre, peuvent se trouver frappées d'obstacles juridiques.

La commission du Sénat, en modifiant le projet du gouvernement dans le sens que nous venons d'indiquer, et en énonçant la Caisse des consignations comme lieu de dépôt des valeurs appartenant aux mineurs ou interdits, dans le cas où ces titres doivent être conservés sous la forme de valeurs au porteur, n'a cependant pas prescrit d'une manière exclusive le dépôt dans cet établissement. « Nous n'avons pas cru, disait le rapporteur, devoir enchaîner à ce point la liberté du conseil de famille. Il pourra convenir, en effet, que le tuteur ou une personne amie soit chargée du dépôt dont il s'agit, ou encore, comme le prévoit la loi, une société spécialement désignée ;

(1) Voir, sur l'exécution de cette loi, notre *Traité des valeurs mobilières*, 2e édit., nos 871 et suiv.

mais on ne perdra pas de vue que la Caisse des consignations est le séquestre légal (1). »

65. Il résulte de ces termes du rapport, qui n'ont pas été contestés au cours de la discussion, que le tuteur lui-même peut rester dépositaire des titres. Il suffit pour cela que le conseil de famille n'use pas de la faculté qui lui est accordée de prescrire le dépôt à la Caisse des consignations ou entre les mains d'un tiers. Il ne faut pas cependant que le conseil de famille use de cette latitude pour permettre au tuteur d'éluder les dispositions de la loi, ce qui arriverait si, pour éviter la conversion des titres au porteur appartenant au mineur, on lui accordait trop facilement l'autorisation de les conserver. Il est du devoir du juge de paix chargé de présider le conseil de famille d'empêcher cet abus, qui pourrait être fréquent dans la pratique, surtout dans les tutelles légales, lorsque le père ou la mère sont en possession des valeurs appartenant au pupille. Ces magistrats doivent faire comprendre aux membres du conseil de famille que la faculté que leur laisse la loi est un fait exceptionnel. Il doit être bien constaté que la conversion ne peut pas être opérée, et il est utile que la délibération soit motivée sur ce point, afin d'établir que le conseil de famille n'a pas obéi à un caprice du tuteur, ni cédé à une pression de sa part. De plus, la détention par le tuteur des titres au porteur ne doit être autorisée qu'avec une extrême circonspection, et dans les cas exceptionnels où il peut y avoir intérêt pour le mineur à permettre cette mesure. Lorsque la conversion n'est empêchée que par des circonstances passagères, et s'il est possible de prévoir qu'elle pourra être opérée dans un laps de temps peu éloigné, il peut être utile d'éviter les formalités et les frais qu'entraînerait un dépôt à la Caisse des consignations. Dans ce cas que nous citons comme exemple, le conseil de famille, en prorogeant le délai de prorogation, ou même en autorisant la conservation des valeurs au porteur, pourra les laisser entre les mains du tuteur. Il est appréciateur de ces circonstances, mais il doit se rappeler que le dépôt à la Caisse des consignations est le moyen le plus certain d'assurer aux mineurs les garanties que la loi a voulu leur donner en prescrivant la conversion de toutes les valeurs en titres nominatifs.

(1) 1er rapport de M. Denormandie. *Journal offic.*, 7 mai 1878.

66. Dans le cas où le conseil de famille, à défaut de conversion, autorise la conservation des valeurs au porteur et ordonne leur dépôt entre les mains d'une personne ou d'une société déterminée, le tuteur qui est chargé d'opérer ce dépôt, doit s'entourer de toutes les précautions de nature à assurer la restitution des titres. Ainsi, il ne devra le faire que sur la remise d'un récépissé constatant la nature de chaque titre, leurs numéros et indications de séries, avec stipulation que ces titres eux-mêmes devront être restitués à l'expiration du dépôt, sans que le dépositaire puisse en disposer sous quelque prétexte que ce soit. Il n'est pas douteux, à notre avis, bien que la loi soit muette à cet égard, que le dépôt peut être limité à un temps déterminé, et que le tuteur pourra faire modifier, au moyen d'une nouvelle délibération, la mesure de conservation prescrite par le conseil de famille si quelques circonstances étaient de nature à motiver une décision de cette nature. Supposons, par exemple, que le tiers ou la société dépositaire ne présente plus les garanties désirables, que certains événements puissent faire craindre la disparition des titres, le tuteur devra convoquer le conseil de famille, et faire ordonner un dépôt d'une autre nature. Il devra également, pour se conformer à l'esprit de la loi, se faire autoriser à retirer les valeurs au porteur des mains du dépositaire pour les convertir en titres nominatifs, dès que les circonstances qui empêchaient cette conversion auront disparu.

Si le tuteur est autorisé à conserver les valeurs au porteur, le conseil de famille peut prescrire certaines mesures de garantie, notamment la remise d'un récépissé des titres entre les mains du subrogé tuteur, afin d'éviter toute difficulté en cas de décès du tuteur, si ces valeurs sont trouvées dans sa succession. Le subrogé tuteur, chargé par l'art. 7 de la loi, ainsi que nous le verrons, de surveiller l'exécution des mesures qu'elle prescrit, devra signaler au conseil de famille les circonstances qui pourraient survenir, et qui seraient de nature à motiver le retrait des titres d'entre les mains du tuteur.

67. Les difficultés matérielles que peut rencontrer, dans certaines hypothèses, la conversion des titres au porteur appartenant au mineur, étaient seules prévues par le projet de loi présenté par le gouvernement qui a été accepté sur ce point par la commission du Sénat. Au cours de la première délibération, M. Raoul

Duval fit observer qu'il pourrait se rencontrer des circonstances où le tuteur se trouverait dans l'impossibilité de se conformer à la loi et de convertir en titres nominatifs les titres au porteur appartenant au mineur, sans violer des contrats antérieurs légalement consentis, et constituant au profit des tiers des droits que ceux-ci ne seraient pas disposés à abandonner.

« Je suppose, disait cet honorable sénateur, et ma supposition est un fait, car je connais des circonstances où cette supposition est une réalité, je suppose que le tuteur a dans l'actif de ses mineurs, soit par voie de succession, soit autrement, une série de valeurs au porteur qui doivent, par suite d'une convention antérieure, rester dans l'indivision jusqu'à l'expiration du délai fixé par la convention. Est-ce que le tuteur sera obligé, dans les trois mois à partir de la promulgation de la loi, de convertir en titres nominatifs les valeurs au porteur appartenant au mineur (1)? »

Cette hypothèse peut se présenter, non seulement au moment de l'ouverture de la tutelle, mais au moment où des valeurs mobilières adviendront au mineur par succession ou testament. Les titres peuvent être *syndiqués*, pour nous servir d'une expression admise dans la pratique des affaires, ils peuvent être déposés dans une caisse publique ou entre les mains de tiers, en vertu de conventions aux termes desquelles le propriétaire a renoncé au droit d'en disposer avant un délai déterminé, ou s'est obligé de les laisser entre les mains d'une tierce personne à titre de garantie ou autrement. Il est évident que ces conventions doivent être respectées. La rédaction de l'art. 5, telle qu'elle était proposée originairement par la commission, pouvait être insuffisante pour éviter toute difficulté sur ce point. Cet article se bornait à prévoir le cas où les valeurs au porteur ne seraient pas de nature à être converties en titres nominatifs. Or, dans l'hypothèse prévue par M. Raoul Duval, la conversion serait empêchée, non point par la nature des titres, mais par des conventions particulières. Il fallait aussi prévoir une convention d'indivision, et le cas où les titres, avant d'appartenir au mineur, ont été donnés en gage ou nantissement, où ils ont été remis entre les mains d'un usufruitier, etc. Pouvait-on, dans ces cas ou dans des circonstances analogues, obliger le tuteur à

(1) Séance du Sénat, 2 mai 1878. *Journal offic.*, 3 mai.

reprendre les titres au mépris de ces conventions, qui seraient ainsi anéanties ou modifiées?

68. La commission répondait qu'elle n'avait jamais eu cette pensée qui serait inadmissible; mais certains tuteurs ou les membres du conseil de famille pouvaient soulever cette prétention, et on ne devait point laisser le mineur exposé aux procès qu'auraient entraînés les légitimes résistances des tiers intéressés. Il était donc utile de changer la rédaction primitive, et pour répondre à ces préoccupations, l'art. 5 a été complété par un paragraphe plus général, qui prévoit les diverses hypothèses qui peuvent se présenter. Ce paragraphe est ainsi conçu :

« Lorsque, soit par leur nature, soit à raison des conventions, les valeurs au porteur ne seront pas susceptibles d'être converties en titres nominatifs, le tuteur devra, dans les trois mois, obtenir du conseil de famille l'autorisation, soit de les aliéner avec remploi, soit de les conserver. Dans ce dernier cas, comme dans celui prévu par le paragraphe précédent, le conseil pourra prescrire le dépôt des titres au porteur, au nom du mineur ou de l'interdit, soit à la Caisse des dépôts et consignations, soit entre les mains d'une personne ou d'une société spécialement désignée. »

Il résulte, de cette nouvelle rédaction, que les rédacteurs de la loi ont voulu donner la plus grande latitude au conseil de famille, afin de lui permettre de respecter les conventions. Dans le cas que nous avons examiné précédemment, lorsque le tuteur est autorisé à conserver des titres au porteur qui en raison de leur nature ne peuvent pas être convertis en titres nominatifs, la mesure indiquée comme présentant les meilleures garanties est, ainsi que nous l'avons dit, le dépôt des valeurs à la Caisse des consignations. Mais si ces titres sont déjà déposés dans une caisse publique pour en assurer la conservation à titre d'indivision, ou même dans la caisse de la société, s'ils ont été remis entre les mains d'un usufruitier ou déposés à une tierce personne à titre de garantie ou de nantissement, le conseil de famille pourra sanctionner ces conventions en prescrivant le maintien du dépôt entre les mains de l'usufruitier, des tiers ou de la société dépositaire.

69. La commission a si bien compris la portée des préoccupations signalées par M. Raoul Duval, qu'elle n'a voulu laisser aucun doute sur la volonté du législateur de respecter les con-

ventions antérieures et les droits des tiers. Pour éviter toute discussion à cet égard, elle a inséré dans l'art. 5 un dernier paragraphe ainsi conçu : « Les délais ci-dessus (ceux impartis au tuteur pour la conversion des titres au porteur en titres nominatifs) ne seront applicables que sous la réserve des droits des tiers et des conventions préexistantes. »

Dans la plupart des cas, la conservation des titres des mineurs sera garantie par les circonstances mêmes qui en empêcheront la conversion. Ainsi, si ces valeurs ont été déposées dans la caisse de la société ou dans une caisse publique, avec engagement de ne point les retirer avant un délai déterminé, si elles ont été remises à une tierce personne à titre de gage ou de nantissement, ou affectées au cautionnement d'un tiers, les titres, bien que devenant la propriété du mineur, ne seront pas remis entre les mains du tuteur, et celui-ci ne pourra dès lors pas en disposer. Il en sera de même si elles sont entre les mains d'un usufruitier; celui-ci, dont l'usufruit ne repose que sur la possession du titre lui-même, refusera de s'en dessaisir. Il ne pourra donc y avoir intérêt à prendre des précautions spéciales que lorsqu'il s'agira de respecter l'exécution d'une obligation d'indivision, ou d'un engagement consenti par le propriétaire de ne pas convertir les valeurs au porteur en titres nominatifs, avant l'expiration d'un délai ou l'accomplissement d'un événement déterminé. Si ces conventions s'opposent à la conversion, bien que les titres soient en la possession du tuteur, le conseil de famille pourra sauvegarder les droits du mineur en ordonnant le dépôt à la Caisse des consignations.

70. Il est utile de remarquer que, par suite des dispositions de la loi du 27 février 1880, dans toute tutelle où il existera des valeurs mobilières appartenant au mineur, représentées par des titres au porteur, le conseil de famille sera saisi de questions souvent difficiles à apprécier. Si le tuteur ne veut pas convertir la totalité de ces valeurs en titres nominatifs, le conseil sera chargé de décider s'il y a lieu de les aliéner en tout ou en partie, ou d'en autoriser la conservation en nature. Dans bien des cas, des prorogations de délai lui seront demandées, et ces questions ne devront pas être résolues légèrement. Les juges de paix devront appeler l'attention des membres du conseil sur ce point, et leur faire comprendre que la loi, en s'en rapportant à leur appréciation, leur a donné une mission de con-

fiance. L'intérêt du mineur doit seul déterminer leurs décisions.

Lorsque les valeurs sont indisponibles par suite de conventions antérieures ou de la réserve des droits des tiers, le tuteur n'est point dispensé *de plano* de l'obligation de conversion qui lui est imposée par la loi. Il doit réunir le conseil de famille dans les trois mois de l'ouverture de la tutelle ou de l'attribution définitive faite au mineur et suivie de la mise en possession des titres, pour lui soumettre les circonstances qui mettent obstacle à la conversion, et l'appeler à délibérer sur les mesures à prendre dans l'intérêt du mineur, soit en prescrivant leur aliénation avec remploi, soit en autorisant leur conservation dans les termes de l'art. 5. La solution doit, dans ce cas encore, dépendre des circonstances, et est laissée à l'appréciation du conseil de famille.

71. Il semble que les délibérations nécessitées par les hypothèses prévues par l'art. 5 ont une importance assez sérieuse pour exiger le contrôle du tribunal. Elles pourront dans certains cas être prises en défiance du tuteur, et prescrire des mesures dont l'utilité sera contestable. Dans d'autres cas au contraire, et il est à craindre que cette supposition ne soit souvent une réalité, les membres du conseil de famille n'attacheront aucun intérêt aux décisions qui leur seront demandées. Pleins de confiance dans le tuteur, ils considéreront la réunion du conseil comme une simple formalité, et accorderont facilement une dispense de conversion, peut-être même sans prescrire aucune des mesures de garantie dont l'art. 5 leur laisse le choix, et qu'ils ont la faculté de ne point imposer au tuteur. La loi se trouvera ainsi facilement éludée, et ses dispositions protectrices resteront sans effet. Il appartient au juge de paix d'éclairer les membres du conseil de famille, de les guider dans leurs appréciations, de les conseiller sur les mesures qui lui paraissent les plus utiles, et de s'opposer à l'autorisation d'actes qui lui sembleraient préjudiciables aux intérêts du mineur. Mais, pour remplir complètement cette mission, il faut que ces magistrats exercent une certaine influence sur les membres du conseil de famille, et surtout qu'ils soient renseignés sur la situation des affaires du mineur aussi bien que sur les garanties morales que peut présenter le tuteur. Dans les cantons ruraux, dans les petites

villes, il est possible d'admettre que le juge de paix, président du conseil de famille, pourra en effet diriger utilement les délibérations. Mais à Paris et dans les grandes villes, il sera dans la plupart des cas impossible à ces magistrats d'obtenir, en dehors du tuteur, des renseignements suffisants pour guider utilement les membres du conseil de famille.

Il est regrettable que ces considérations n'aient point déterminé les rédacteurs de la loi à prescrire, dans les cas prévus par l'art. 5, l'homologation de la délibération du conseil de famille. Cette mesure eût souvent été plus utile et plus efficace que dans le cas d'une simple autorisation d'aliéner les valeurs appartenant au mineur. Le contrôle nécessaire du tribunal aurait garanti les délibérations du conseil de famille contre la faiblesse ou la complaisance des membres qui le composent, et contre la pression du tuteur. Leurs décisions appuyées de motifs sérieux auraient été appréciées par des magistrats complètement indépendants, étrangers à toute influence de famille, qui auraient pu modifier les mesures ordonnées pour la conservation des titres non convertis, ou réparer les omissions des délibérations à cet égard. Mais la loi est restée muette sur ce point, et en l'absence d'un texte prescrivant dans ce cas l'homologation des délibérations du conseil de famille, il nous semble impossible de recourir à cette procédure.

Il est en effet reconnu par la doctrine que les délibérations du conseil de famille ne sont pas indistinctement soumises à l'homologation des tribunaux. Il faut une disposition expresse de la loi sur ce point (1); ce principe semble avoir reçu une nouvelle sanction de la loi du 27 février 1880, qui n'a prescrit cette mesure par son art. 2 que dans le cas d'une autorisation d'aliéner et lorsqu'il s'agit d'une somme supérieure à 1,500 fr. Cet article n'a été adopté, ainsi que nous l'avons dit, qu'après de vives discussions, l'utilité de l'homologation ayant été sérieusement contestée. Le silence de la loi à l'égard des délibérations relatives à la conversion des titres suffit dès lors pour faire déclarer qu'il n'y a point lieu à homologation dans ce cas spécial. Les tribunaux devraient même la refuser si elle leur était demandée, et déclarer cette formalité inutile. Ils s'exposeraient,

(1) Montpellier, 9 juillet 1869, S. V. 70, 2, 148; Bioche, *Dictionnaire de proc*, v° *Conseil de famille*, n° 73 ; Dalloz, *Rép.*, v° *Minorité*, n° 225; Demolombe, t. VII, p. 199.

en consentant à l'examen des délibérations, à ce que leurs décisions restent sans effet, s'ils prescrivaient certaines mesures spéciales, ou refusaient d'accepter celles qui ont été jugées utiles par le conseil de famille.

72. Il ne faut pas en conclure que les délibérations prises par le conseil de famille dans les cas prévus par l'art. 5 de la loi du 27 février 1880, ne pourront jamais être soumises à l'examen et au contrôle des tribunaux. Il peut arriver fréquemment, en raison même de l'importance des questions soumises au conseil, que ces délibérations ne soient par prises à l'unanimité. Dans ce cas il y a lieu à l'application des règles du droit commun auxquelles il n'a pas été dérogé par la loi nouvelle. Le tuteur, le subrogé tuteur, les membres même du conseil de famille pourront se pourvoir contre la délibération dans les termes de l'art 883 du Code de procédure civile. Certains auteurs ont soutenu, il est vrai, que les dispositions de cet article ne s'appliquent qu'aux délibérations qui doivent être soumises à l'homologation du tribunal (1). Mais nous ne partageons pas cette opinion, qui est généralement repoussée par la jurisprudence. La loi n'ayant point fait de distinction entre les délibérations soumises expressément à l'homologation et celles qui sont exemptes de cette formalité, toutes peuvent être l'objet d'un recours, lorsqu'elles n'ont pas été prises à l'unanimité (2).

Il est même admis par quelques auteurs que, malgré les termes restrictifs de l'art. 883, les délibérations unanimes peuvent être attaquées par le tuteur, s'il les croit contraires aux intérêts du mineur. Cette solution nous paraît plus contestable; mais nous admettons volontiers que le pourvoi contre la délibération peut être formé par tous les membres du conseil de famille, c'est-à-dire tant par ceux qui n'ont pas assisté à l'assemblée, parce qu'ils n'y ont pas été appelés ou qu'ils n'ont pas jugé convenable de s'y rendre, que par ceux qui ont pris part à la délibération, sans distinction entre ceux qui auront voté pour la résolution adoptée et ceux qui, ayant voté contre, y auraient acquiescé. Il s'agit en effet des intérêts du

(1) Magnin, *Des minorités*, t. IV, n° 349; Duranton, t. III, n° 477; Favard, v° *Avis de parents*, n° 2. V. aussi Cass., 2 août 1860, D. P. 60, 1, 495, S. V. 61, 1, 254.

(2) Paris, 24 avril 1837, S. V. 37, 2, 225; Toulouse, 22 février 1854, D. P. 54, 2, 239, S. V. 54, 2, 197; Colmar, 19 novembre 1857, S. V. 58, 2, 81, D. P. 59, 2, 36; Chauveau sur Carré, n° 2994; Bioche, v° *Conseil de famille*, n° 54; Aubry et Rau, t. I, § 96, p. 390.

mineur, sur lesquels les membres du conseil de famille n'ont pas droit de compromettre (1).

Dans tous les cas, le tuteur et le subrogé tuteur, qui sont expressément désignés par l'art. 883 du Code de procédure civile, ont le droit incontestable de se pourvoir devant le tribunal contre les délibérations du conseil de famille, et dans le cas spécial dont nous nous occupons, les mineurs peuvent trouver dans cette disposition une garantie contre le mauvais vouloir des membres du conseil à l'égard du tuteur, ou au contraire contre leur faiblesse, s'ils venaient à céder trop facilement aux désirs de ce dernier. Mais il importe, pour éviter toute difficulté quant à l'exercice de ce droit, que les membres de la minorité du conseil, et le juge de paix notamment, s'il ne partage pas l'avis de la majorité, fassent constater dans la délibération la dissidence d'opinions, et qu'aucun des parents ne se laisse entraîner trop facilement à accepter l'avis des autres membres du conseil de famille.

73. Le pourvoi contre une délibération du conseil de famille, concernant les autorisations demandées par le tuteur dans les termes de l'art. 5 de la loi de 1880, est formé, sans tentative de conciliation, contre les membres qui ont été d'avis de la délibération. La cause est portée à l'audience ordinaire du tribunal civil et jugée sommairement (art. 884 C. proc. civ.). Les jugements rendus sur ces demandes sont sujets à appel. Aucune exception n'est faite dans ce cas aux dispositions de l'art. 889 du Code de procédure civile, et il n'est pas possible d'étendre par analogie la règle spéciale insérée dans l'art. 2 de la loi de 1880, en cas de demande d'autorisation pour aliéner des valeurs appartenant au mineur. Dans ce dernier cas, les délibérations du conseil de famille, étant soumises à l'homologation du tribunal, dès que la valeur des titres à aliéner dépasse la somme de 1,500 francs, seront rarement l'objet d'un pourvoi dans les termes de l'art. 883, et leurs décisions peuvent présenter un caractère d'urgence, qui ne se rencontre pas en matière de conversion. Il est dès lors facile de comprendre l'exception de l'art. 2. Mais il est de principe qu'une disposition exceptionnelle du droit commun ne peut pas être

(1) Aubry et Rau, t. I, § 96, p. 389; Demolombe, t. VII, n° 338. Conf. Lyon, 15 février 1812; Colmar, 27 avril 1813; Angers, 29 mars 1821. S. V. C. N. [illegible], t. VI, p. 395.

étendue à un cas qu'elle n'a pas prévu d'une manière expresse. Dans le silence de la loi, les règles du Code de procédure civile restent donc applicables, toutes les fois qu'une délibération relative à la conversion des titres mobiliers appartenant au mineur sera l'objet d'un pourvoi devant le tribunal dans les termes de l'art. 883, et dès lors le jugement sera susceptible d'appel conformément à l'art. 889 et aux principes du droit commun.

74. Les dispositions de l'art. 5 que nous venons d'examiner dans leurs diverses parties, constatent que le législateur a voulu que toutes les valeurs mobilières appartenant aux mineurs et aux interdits soient représentées par des titres nominatifs. Il n'admet qu'exceptionnellement la conservation des titres au porteur, et oblige le tuteur à s'adresser dans ce cas au conseil de famille, qui doit prescrire les mesures utiles à la garantie des droits des incapables. Il semble qu'après avoir posé un principe aussi formel, il était inutile de s'occuper de la conversion des titres nominatifs en titres au porteur. Mais il fallait empêcher que les tuteurs, nantis de titres nominatifs, ne s'adressent aux établissements financiers pour opérer une conversion de cette nature. La jurisprudence déclarait que les compagnies n'avaient pas le droit de refuser cette conversion (1). La loi aurait été facilement éludée, si une disposition législative n'avait point modifié les règles du droit commun, en imposant des formalités de nature à écarter les difficultés résultant de la jurisprudence. Tel est le cas qu'a voulu prévoir l'art. 10 de la loi du 27 février 1880, lequel est ainsi conçu : « La conversion de tous titres nominatifs en titres au porteur est soumise aux mêmes conditions et formalités que l'aliénation de ces titres. »

Cette disposition formait l'art. 4 du projet présenté par le gouvernement, et si l'on consulte l'exposé des motifs et les explications soumises au Sénat par le rapporteur de la commission, on doit penser qu'il a eu pour objet de poser une règle générale, en assimilant la conversion à une véritable aliénation. « L'art. 4, conçu dans des termes généraux, dit l'exposé des motifs, arrêtera tous ceux qui n'ont pas des pouvoirs de disposition absolue, en assimilant à une aliénation la conversion en titres au porteur (2). »

(1) *Suprà*, n° 56.
(2) Exposé des motifs. Bioche, *Journal de proc.*, 1876, n° 10,759.

Lors de la première délibération devant le Sénat, le rapporteur de la commission, M. Denormandie, a été encore plus explicite sur ce point. Le but du projet est d'édicter une disposition législative, qui mette un terme aux inconvénients et aux dangers resultant des décisions de la jurisprudence, aux termes de laquelle la conversion des titres nominatifs en titres au porteur n'est qu'un acte de simple administration, et ne peut pas être refusée aux personnes chargées d'administrer les biens des incapables. Après avoir rappelé l'origine et le développement des titres au porteur, M. Denormandie s'exprimait en ces termes : « Vous allez saisir de suite le grand intérêt de la question, en ce qui touche les incapables. Avec la facilité donnée par la loi à tout propriétaire de changer son titre nominatif en titre au porteur, on créait en même temps la facilité d'aliénation, ce qui était très bien pour les capables, mais ce qui était un extrême danger pour les incapables. Un tuteur se présente à une compagnie de chemins de fer et dit : « Voici « des titres qui appartiennent à mon pupilles ; ils sont nomi- « natifs, cela me gêne. Je vous prie de les mettre au porteur.» Qu'est-ce que cela ? C'est la demande d'une opération purement matérielle qui s'appelle pour tout le monde un acte de conversion, et qui pour personne ne s'appelle un acte d'aliénation. En conséquence, la compagnie était obligée de se soumettre à cette réquisition du représentant d'un incapable. Quelle en est la conséquence ? C'est qu'à l'instant même, — je parle là d'exceptions, mais malheureusement encore assez nombreuses, — les tuteurs infidèles ont ainsi opéré ; ils ont converti en titres au porteur les titres nominatifs de leurs pupilles et, détenteurs de ces titres, ils ont pu les aliéner avec une facilité regrettable.

« La jurisprudence a été saisie de cette question. Des procès très graves se sont engagés, et les magistrats ont répondu : Nous sommes impuissants; la loi est muette; la conversion n'est pas un acte d'aliénation... C'est pour cela que l'honorable garde des sceaux a pensé, avec raison, qu'il fallait profiter de la loi actuelle, et précisément de ce qu'elle avait pour objet de sauvegarder la fortune des incapables, en imposant aux tuteurs certaines formalités protectrices, pour trancher la question que la Cour de cassation avait été impuissante à résoudre, et c'est pour cela que nous vous soumettons l'art. 9 (devenu l'article 10), qui a pour objet de décider que le fait seul de la conversion équivaut à une aliénation, et exige par conséquent l'accomplissement des mêmes formalités (1). »

Si nous consultons le rapport de la commission à la Chambre des députés, nous y trouvons la même pensée: « L'art. 10, dit-il, en introduisant d'*une manière générale dans nos lois* un principe nouveau et de la plus grande importance, que la jurisprudence aurait bien désiré, mais n'a pas cru pouvoir établir, dispose que la conversion de tous titres nominatifs en titres au porteur est soumise aux mêmes conditions et formalités que l'aliénation de ces titres. Ce principe s'applique, *quel que soit le propriétaire des titres*. Spécialement, en ce qui touche les valeurs mobilières appartenant au mineur, ces valeurs une fois converties en titres nominatifs ne pourront être converties en titres au porteur qu'en observant les conditions prescrites pour leur aliénation (1). »

75. L'art. 10 ne présente aucune difficulté en ce qui concerne les mineurs et interdits ; il les garantit contre tout danger de conversion de leurs titres nominatifs en titres au porteur. Les compagnies auxquelles cette conversion serait demandée par le tuteur exigeront une autorisation du conseil de famille dans les termes de l'art. 1er de la loi de 1880, et qui sera homologuée par le tribunal si les valeurs représentent un capital supérieur à 1,500 francs. Dans la plupart des cas, le tuteur ne pourra pas demander cette autorisation qui lui serait refusée, à moins de circonstances exceptionnelles qu'il est difficile d'imaginer. Il nous semble impossible, en effet, de prévoir une hypothèse dans laquelle le mineur pourrait avoir intérêt à convertir des titres nominatifs en titres au porteur. S'il s'agissait de les rendre facilement disponibles, il serait préférable d'en autoriser l'aliénation. Toutefois, si le cas se présentait, le conseil de famille serait appelé à en délibérer; mais il trouverait dans le texte même de l'art. 1er le droit de prescrire les mesures qu'il jugerait utiles pour la conservation des valeurs, notamment celui d'ordonner leur dépôt à la Caisse des consignations ou dans une caisse déterminée.

76. Il est inutile d'insister, en ce qui touche les mineurs ou interdits, sur l'application des dispositions de l'art. 10, qui ne

(1) Séance du Sénat du 2 mai 1878. *Journal offic.*, 3 mai.

(2) Rapport de M. Jozon à la Chambre des députés. *Journal offic.*, 7 avril 1879.

peuvent soulever aucune contestation. Mais il ne faut pas conclure des paroles de M. Denormandie au Sénat, ou du rapport de M. Jozon à la Chambre des députés, que cet article est applicable à tous les incapables. Sans doute, l'exposé des motifs et le rapport à la Chambre des députés indiquent que cet article *doit arrêter tous ceux qui n'ont pas de pouvoirs de disposition absolue* et que son principe s'applique *quel que soit le propriétaire des titres*. Mais il faut une disposition expresse et précise pour introduire dans une loi spéciale, concernant un objet déterminé, une règle générale modificative du droit commun, et applicable à des personnes autres que celles pour lesquelles la loi a été faite. Dans l'espèce, les termes de l'art. 10 n'indiquent en aucune manière que le législateur ait voulu, dans tous les cas, soumettre la conversion des titres au porteur aux mêmes conditions que leur aliénation. Les compagnies ne pourront donc pas y trouver un moyen de refuser la conversion à tous ceux qui n'ont pas la libre disposition de leurs titres. Le plus souvent, d'ailleurs, aucune formalité spéciale n'est déterminée pour l'aliénation des meubles appartenant à des personnes frappées d'incapacité relative, ou celles qui sont prescrites par la loi seraient inapplicables à la conversion.

Supposons, par exemple, que la conversion de titres nominatifs en titres au porteur soit demandée par une femme séparée de biens. L'art. 1449 du Code civil lui confère expressément la libre administration de sa fortune, et des arrêts nombreux ont reconnu qu'elle avait le droit de convertir ses titres nominatifs en titres au porteur, sans être tenue de justifier de l'autorisation de son mari (1). Si la conversion lui est refusée, elle invoquera les dispositions de cet article, qui lui permettent de disposer de son mobilier et de l'aliéner sans aucune formalité. On pourra lui opposer, il est vrai, qu'une jurisprudence aujourd'hui constante déclare que cette faculté doit être restreinte aux limites d'une bonne administration, et qu'elle ne peut disposer de son mobilier que dans un but utile et profitable à sa fortune personnelle. Mais la demande en conversion peut porter sur des titres sans importance pécu-

(1) Paris, 12 juillet 1869, S. V. 69, 2, 321 ; Cass., 8 février 1870, S. V. 70, 1, 189, D. P. 70, 1, 336 ; Paris, 4 mars 1875, S. V. 75, 2, 336, D. P. 76, 2, 158 ; Cass., 15 juin 1876, S. V. 76, 1, 344. Conf. Laurent, *Princ. du droit civil*, t. XXII, n° 304.

niaire relativement à la consistance de la fortune de la femme, et son droit d'aliénation ne serait dès lors pas entravé par les décisions que nous venons de rappeler. La femme sera-t-elle obligée de plaider avec la compagnie pour faire déclarer que la conversion est demandée dans un but qui lui est avantageux, et qui rentre dans la limite des droits que lui accorde la loi? Ce serait l'origine de procès et de débats regrettables, et il serait préférable de lui défendre d'opérer aucune conversion sans l'autorisation de son mari ou de la justice.

Si la conversion est demandée par des héritiers bénéficiaires, les compagnies exigeront-elles l'accomplissement des formalités prescrites pour l'aliénation? Mais les valeurs mobilières ne sont pas soumises à des règles différentes de celles applicables aux autres objets mobiliers, et il a été jugé que l'héritier bénéficiaire n'avait besoin d'aucune autorisation pour vendre les créances ou autres titres mobiliers dépendant de la succession (1). L'art. 805 du Code civil dit, il est vrai, que cet héritier ne peut vendre les meubles que par le ministère d'un officier public, aux enchères et après affiches et publications. Ces formalités seraient inapplicables à la conversion, et cet exemple même prouve que l'art. 10 de la loi du 27 février 1880, ne pourrait pas recevoir d'application dans tous les cas où la conversion est demandée par des personnes qui ne sont pas complètement maîtresses de leurs droits.

L'art. 10 ne doit donc pas être étendu au delà du cas pour lequel il a été rédigé et voté. Il est compris dans une loi qui ne concerne que l'aliénation et la conversion des valeurs mobilières et droits incorporels appartenant aux mineurs et aux interdits. Il ne suffit pas d'invoquer un exposé de motifs, ou un rapport fait au cours de la discussion, pour appliquer à des cas non prévus par la loi une disposition aussi exceptionnelle. Les questions concernant la conversion des titres nominatifs en titres au porteur ont trop d'importance et présentent de trop sérieuses difficultés, pour être réglées par une disposition accessoire insérée dans une loi faite dans un autre but. Nous avons émis déjà le désir que ces difficultés soient tranchées d'une manière formelle par une disposition législative, ne donnant

(1) Paris, 19 mars 1852, S. V. 52, 2, 169, D. P. 52, 2, 215. V. notre *Traité des valeurs mobilières*, 2e édit., n° 419.

lieu à aucune incertitude. L'art. 10 de la loi de 1880 ne remplit ce but que pour ce qui concerne les mineurs et les interdits. Dans un projet plus général présenté au Sénat par M. Bozérian, le 7 mai 1877, et comprenant les diverses procédures de la chambre du conseil, nous avons trouvé, au milieu d'autres dispositions, un article imposant à la femme séparée de biens, l'obligation de demander au tribunal une autorisation judiciaire pour convertir ses rentes, actions ou obligations nominatives, en titres au porteur. A défaut d'une loi générale, ces questions seront ainsi réglées, pour les divers incapables, par des dispositions spéciales introduites dans les lois concernant les intérêts de chacun d'eux. Il est, quant à présent, impossible d'étendre l'art. 10 à d'autres qu'aux mineurs et aux interdits, ou à ceux qui leur sont assimilés par la loi du 27 février 1880.

77. En résumé, cette loi supprime un des plus grands dangers qui résultaient de la jurisprudence, aux termes de laquelle la conversion, ne constituant qu'un acte d'administration, ne pouvait pas être refusée à ceux auxquels la loi confère l'administration de biens qui ne leur appartiennent pas. Dans la plupart des autres cas, ces personnes sont empêchées de demander la conversion par la surveillance qui les entoure. Ainsi l'administrateur d'une société, d'un établissement public, ne pourrait faire une demande de cette nature, sans appeler sur ses actes l'attention des parties intéressées. Le tuteur, au contraire, agissant sous sa responsabilité personnelle, ne pouvait trouver un obstacle que dans une disposition expresse de la loi. Les articles que nous venons d'examiner qui, d'une part, imposent au tuteur l'obligation de convertir en titres nominatifs toutes les valeurs mobilières appartenant au pupille, et de l'autre déclarent qu'il ne pourra convertir ces titres qu'en se soumettant aux mêmes conditions que s'il voulait les aliéner, garantissent complètement les mineurs et interdits des craintes de perte ou de détournement qui résultaient de la faculté de transmission des valeurs au porteur par la simple remise des titres. Le principe posé par l'art. 10 servira sans doute de base à la rédaction de dispositions analogues qui seront prescrites à l'égard des autres incapables, et il est permis d'espérer que cette question de conversion, qui a si vivement préoccupé les esprits lors des premiers arrêts qui ont fixé la jurisprudence sur ce point, sera tranchée d'ici à peu de temps de manière à sauve-

garder les droits de chacun, sans porter atteinte à la libre transmission des titres au porteur.

78. Avant de terminer ce chapitre, nous devons signaler une préoccupation qui s'est élevée sur une éventualité qui se réalise assez fréquemment. Un grand nombre de valeurs mobilières, titres d'actions ou d'obligations, sont remboursables dans un délai déterminé, et par suite d'un tirage au sort qui indique les numéros appelés chaque année au remboursement. Avant d'en payer le capital entre les mains du titulaire, la compagnie dénature le titre nominatif et le met au porteur. On s'est demandé si, à chaque remboursement par voie de tirage au sort d'une valeur appartenant au mineur, le tuteur serait obligé de réunir le conseil de famille pour faire autoriser la conversion du titre.

La moindre réflexion suffit pour repousser toute hésitation à cet égard. La conversion, dans cette hypothèse, n'a ni pour objet ni pour résultat de modifier le titre entre les mains du tuteur. Son consentement n'est même pas demandé pour réaliser cette opération, à laquelle le mineur n'a aucun intérêt. « Le changement dans la nature du titre est, en pareil cas, simplement une mesure d'ordre intérieur, qui se rattache aux relations des compagnies avec la régie, et qui a pour objet d'arriver à des statistiques ou à des constatations. Cette mesure ne concerne que les compagnies (1). » Le tuteur qui n'aurait pas le droit de s'y opposer, n'a donc à demander aucune autorisation au conseil de famille, et de son côté la compagnie fera régulièrement la conversion, sans avoir à remplir les formalités prescrites par l'art. 10 de la loi de 1880, qui ne peuvent, dans cette circonstance, recevoir aucune application.

Le titre modifié et converti en titre au porteur n'est pas en effet remis au tuteur, qui reçoit, dans la plupart des cas, le remboursement en espèces. Si exceptionnellement, et par suite de conventions statutaires de la société, le remboursement était effectué au moyen de la forme d'un autre titre de même nature, délivré sous la remise d'un titre au porteur, le tuteur ferait les diligences nécessaires pour le rendre nominatif, conformément aux prescriptions de l'art. 5. Il n'y a donc pas lieu de se préoccuper de cette éventualité ; les devoirs du tuteur,

(1) 1er rapport de M. Denormandie au Sénat. *Journal offic.*, 7 mai 1878.

dans cette circonstance spéciale, sont suffisamment indiqués par la loi, l'opération de conversion opérée par la compagnie pour arriver au remboursement lui restant complètement étrangère, et ne pouvant en aucune manière préjudicier aux intérêts de son pupille.

Nous avons exposé, dans les deux chapitres qui précèdent, les règles qui servent de base à la loi du 27 février 1880, et qui en sont le véritable objet. Elle a pour but principal de restreindre les droits du tuteur relativement à l'aliénation des valeurs mobilières et des droits incorporels appartenant aux mineurs et interdits, et pour assurer l'exécution de ses dispositions, elle a dû imposer au tuteur l'obligation de convertir les titres au porteur en titres nominatifs. Le projet de loi présenté par le gouvernement ne contenait point d'autres dispositions, son but paraissant suffisamment rempli par les garanties qu'il accordait aux mineurs. La commission du Sénat a pensé qu'il était utile de compléter ces mesures de protection en prescrivant des règles précises pour l'emploi des capitaux appartenant à ces incapables. Elle a voulu en outre assurer l'exécution des nouvelles prescriptions légales, en indiquant quels étaient les devoirs de surveillance imposés au subrogé tuteur à cet égard. L'examen de ces dispositions accessoires sera l'objet du prochain chapitre,

CHAPITRE III

DE L'OBLIGATION DE FAIRE EMPLOI DES CAPITAUX DU MINEUR. — SURVEILLANCE DU SUBROGÉ TUTEUR.

—

SOMMAIRE :

79. Nécessité d'imposer au tuteur l'obligation de faire emploi de tous les capitaux du mineur.
80. Règles du droit commun à cet égard.
81. Difficultés qui pouvaient en résulter en cas de remboursement de titres de valeurs mobilières.
82. Disposition générale admise sur la proposition de la commission du Sénat.
83. Elle est applicable même à la tutelle des père et mère.

84. Suite.
85. Obligation pour le tuteur de faire emploi de tous les capitaux du mineur.
86. Délai fixé pour cet emploi.
87. De quelle époque court ce délai ?
88. Suite.
89. Faculté accordée au conseil de famille de proroger ce délai.
90. Renvoi aux règles prescrites par les articles précédents.
91. Réserve des prescriptions de l'art. 455 du Code civil.
92. Le conseil de famille peut-il autoriser l'emploi d'une partie des capitaux à des dépenses utiles au mineur ?
93. Le tuteur doit les intérêts des capitaux non employés.
94. Disposition qui déclare que les tiers ne sont pas garants de l'emploi.
95. Observations de la commission du Sénat sur l'amendement présenté sur ce point par M. Clément.
96. Utilité de cette disposition légale.
97. Ses conséquences.
98. Défaut de sanction des obligations imposées au tuteur.
99. Proposition faite à cet égard par la commission de la Chambre des députés.
100. Surveillance imposée au subrogé tuteur.
101. Etendue de cette surveillance en ce qui concerne la conversion des titres au porteur et l'emploi des capitaux du mineur.
102. Le subrogé tuteur n'est pas responsable s'il a ignoré le remboursement.
103. Ses devoirs en cas d'aliénation des valeurs mobilières par le tuteur sans autorisation du conseil de famille.
104. Surveillance du mode de vente et de l'accomplissement des mesures prescrites par le conseil de famille.
105. Le subrogé tuteur n'est pas responsable de la validité de l'emploi des capitaux.
106. Sa surveillance est applicable à la tutelle des père et mère.
107. Obligation pour le subrogé tuteur de provoquer la réunion du conseil de famille.

79. La protection accordée aux mineurs et aux interdits par les dispositions de la loi du 27 février 1880, dans le but d'assurer la conservation de leur fortune mobilière, eût été incomplète si le législateur s'était borné à défendre au tuteur d'aliéner les titres mobiliers sans une autorisation du conseil de famille. L'obligation accessoire de convertir en titres nominatifs toutes les valeurs de cette nature représentées par des titres au por-

teur donne, il est vrai, une nouvelle sécurité aux mineurs, en mettant obstacle à une transmission irrégulière qui aurait pu avoir lieu par suite de la facilité de céder ces titres sans aucune formalité de négociation ou de transfert. Mais la loi, réduite à ces dispositions, eût été insuffisante. Bien qu'elle soit applicable à tous les meubles incorporels, elle a surtout en vue les titres d'actions, d'obligations, etc., compris sous la dénomination générale de valeurs mobilières et qui, par leur développement, ont pris une si grande place dans les fortunes particulières. Or, l'émission de ces titres, qu'elle soit faite par des compagnies financières ou industrielles, ou par des villes ou départements autorisés à contracter un emprunt sous cette forme, est presque toujours accompagnée d'une clause expresse d'amortissement en un certain nombre d'annuités.

Pour arriver à ce résultat, il est stipulé que, chaque année, il sera procédé à un ou plusieurs tirages qui détermineront les numéros des titres remboursables, dont le capital devra être versé entre les mains du titulaire contre la remise de son titre. Les obligations sont la plupart remboursables avec primes, c'est-à-dire à un taux fixé au moment de l'émission, mais presque toujours supérieur à la somme déboursée pour la souscription ou l'achat de ces valeurs. Enfin, quelques compagnies financières de la ville de Paris ont été autorisées à distribuer aux porteurs de leurs obligations des lots d'une valeur considérable, qui sont attribués par le sort aux titres dont les numéros sont déterminés par des tirages annuels ou semestriels. Lorsqu'une valeur appartenant à un mineur ou à un interdit devient ainsi remboursable avec ou sans primes ou lots, le tuteur ne peut plus conserver le titre qui doit être remis contre remboursement entre les mains de l'établissement ou de la compagnie émissionnaire, et il peut arriver que, dans le cours de la tutelle, la fortune mobilière du mineur se trouve ainsi complètement modifiée malgré les précautions de la loi, et transformée en un capital en espèces qui sera versé entre les mains du tuteur.

Le législateur, qui voulait assurer la conservation de la fortune mobilière du mineur, ne pouvait dès lors pas se borner à défendre au tuteur d'en aliéner ou d'en convertir les titres sans une autorisation du conseil de famille. Il fallait prévoir le cas où ces titres se modifieraient par des stipulations qui devaient être respectées, et seraient ainsi convertis en un capital disponible. Le projet de loi présenté par le Gouvernement était muet à cet égard, et s'il n'avait pas été modifié lors de la discussion devant les Chambres, le tuteur n'aurait été assujetti, en cas de remboursement, qu'aux obligations qui résultent du droit civil. Or, sur ce point, il n'existe pas dans le Code civil de règles bien précises. L'obligation générale imposée au tuteur d'administrer le patrimoine du pupille en bon père de famille lui fait, il est vrai, un devoir de faire produire aux capitaux tous les revenus dont ils sont susceptibles, et dès lors d'en faire emploi dans le plus bref délai possible. Mais ses pouvoirs sont très étendus à cet égard, et les obligations dont il est tenu résultent uniquement des arts. 455 et 456 du Code civil, qui n'ont d'autre sanction que le paiement par le tuteur des intérêts de toute somme non employée.

80. Aux termes de ces articles, le tuteur doit faire déterminer par le conseil de famille la somme à laquelle commence l'obligation d'employer l'excédent des revenus sur la dépense. Cet emploi doit être fait dans le délai de six mois, passé lequel le tuteur doit les intérêts des sommes non employées. A défaut de la détermination de la somme à laquelle doit commencer l'emploi, le tuteur doit, après ce délai de six mois, les intérêts de toute somme non employée, quelque modique quelle soit.

La doctrine est unanime à reconnaître que, bien que les art. 455 et 456 du Code civil ne parlent que de l'excédent des revenus sur les dépenses, les règles qu'ils prescrivent sont applicables à toutes les sommes que le tuteur peut recueillir dans une succession échue au mineur, ou à celles qu'il aurait touchées soit pour prix de la vente des meubles, soit par suite du remboursement de capitaux ou du rachat de rentes (1). Le tuteur était donc tenu, en vertu des principes du droit commun, de faire emploi des sommes qui étaient versées entre ses mains par suite du remboursement de titres mobiliers. Mais cette règle même a donné lieu à de fréquents débats. D'une part, les dispositions des art. 454 à 456 du Code civil sont généralement considérées comme étant sans application à la tutelle

(1) Magnin, *Des Minorités*, 1, 660; Demolombe, t. VII, n° 616; Aubry et Rau, t. I, § 112, p. 443; Laurent, *Princ. du droit civil*, t. V, n° 32; Dalloz, *Rép.*, v° *Minorité*, n°s 463 et suiv.

des pères et mères. Cette solution est basée sur le texte même de l'art. 454, qui excepte la tutelle légale des règles qu'il prescrit (1). Dès lors, la loi du 27 février 1880, reconnue cependant comme étant applicable à cette tutelle, serait restée sans effet en cas de remboursement d'un titre d'obligation même avec primes ou lots, entre les mains du père ou de la mère tuteurs de leurs enfants mineurs. D'autre part, il avait été jugé que, lorsque les revenus du mineur sont minimes et à peine suffisants pour subvenir à ses besoins, le tuteur n'est pas tenu de faire déterminer par le conseil de famille la somme à laquelle doit commencer l'emploi (2). Cette décision, un peu arbitraire, s'explique cependant par la difficulté d'appliquer dans ce cas les dispositions des art. 455 et 456 du Code civil. La question de responsabilité du tuteur est alors résolue par une appréciation des faits, les juges devant rechercher si le tuteur a agi sagement en employant les capitaux du mineur à ses besoins, au lieu d'en opérer le placement (3).

81. Ces difficultés eussent été fréquentes en cas de remboursement de titres mobiliers appartenant au mineur. Sans doute, si ce remboursement était accompagné d'un lot de 50 ou de 100,000 francs attribué par le sort, le tuteur eût été obligé d'en faire le placement. Mais dans les cas les plus fréquents, il s'agit d'un titre d'action ou d'obligation représentant un capital minime. Le tuteur le plus scrupuleux aurait pu se laisser entraîner à en employer le montant à une dépense utile pour le mineur, quoique non indispensable, et peu à peu le patrimoine du pupille se fût trouvé diminué malgré les garanties prescrites par la loi.

Il faut ajouter qu'en raison même du développement des fortunes mobilières, la nécessité d'ordonner l'emploi de tous les capitaux qui adviennent aux mineurs s'impose de plus en plus au législateur. Non seulement le patrimoine du pupille est souvent entièrement représenté par des valeurs mobilières; mais il peut en être de même de celui du tuteur, et dans ce cas, la garantie de l'hypothèque légale qui avait paru si puis-

(1) Demolombe, t. VII, nº 628; Zachariæ, § III, note 26; Aubry et Rau, t. I, § 112, note 42. *Contrà*, Laurent, *Princ. du droit civil*, t. V, nº 39; Demante, t. II, nº 213 *bis*.

(2) Douai, 5 juin 1846, S. V. 48, 2, 233.

(3) Cass., 9 juillet 1866, S. V. 66, 1, 381; Toullier, t. II, nº 1210; Deféminville, *De la Minorité*, t. I, nº 238; Marcadé, t. II, art. 452.

sante aux rédacteurs du Code civil, disparaît complètement. Si le tuteur qui a encaissé des capitaux appartenant à son pupille les emploie à ses besoins personnels, il sera bien déclaré responsable lors de la cessation de la tutelle, mais le mineur pourra éprouver de sérieuses difficultés à obtenir le remboursement des sommes qui lui seront dues.

Ces considérations devaient appeler l'attention du législateur, au moment où l'on discutait une loi qui a pour unique objet, ainsi que nous l'avons dit, d'assurer la conservation de la fortune mobilière du mineur; il était nécessaire de compléter les dispositions du Code civil, en ce qui concerne l'emploi des capitaux pouvant advenir à ce dernier pendant le cours de la tutelle. Il fallait surtout éviter les contestations auxquelles pouvait donner naissance la rédaction même de l'art. 455 du Code civil, qui n'impose l'obligation d'employer que l'excédent des revenus sur la dépense. Sans doute, si on interprète cet article d'une façon large et intelligente, il est évident que les rédacteurs du Code civil ont voulu dire que tout ce qui serait en caisse et qui excéderait les besoins de la tutelle, serait employé, que cet excédent provînt de revenus ou de capitaux encaissés; mais il n'en est pas moins vrai que l'article du Code civil porte seulement ces mots : *excédent des revenus.*

82. Pour éviter toute difficulté, la commission du Sénat a pensé qu'il était utile d'insérer dans la loi une disposition conçue dans des termes généraux, qui oblige directement le tuteur à faire emploi des capitaux (1). La rédaction proposée par la commission, adoptée par le Sénat, et qui n'a été modifiée que dans des questions de détail, était ainsi conçue : « Le tuteur devra (dans les délais ci-dessus déterminés) faire emploi des capitaux appartenant au mineur ou à l'interdit, ou qui leur adviendraient par succession ou autrement. »

Cette disposition générale ne permet plus aucune discussion sur l'obligation imposée au tuteur d'employer tout capital, quelque minime qu'il soit, provenant du remboursement de créances ou de valeurs mobilières appartenant au pupille, et elle supplée d'une manière complète aux lacunes qui existaient

(1) Explications de M. Denormandie au Sénat, *séance du 25 mai 1878*; *Journal offic.*, 26 mai.

dans les règles du droit civil à cet égard. Il n'est point possible en effet de restreindre ses prescriptions au cas de remboursement du capital des titres mobiliers appartenant au mineur ou à l'interdit. Si la volonté des rédacteurs de la loi avait été d'établir une distinction sur ce point, elle eût été formulée d'une manière expresse, et l'obligation d'emploi n'aurait pas été imposée aux tuteurs dans des termes aussi larges et aussi généraux.

Il peut, il est vrai, paraître singulier, peut-être même contraire aux principes que nous avons rappelés plus haut, d'admettre qu'une loi spéciale, ayant un objet déterminé, puisse modifier les règles du droit commun, dans une matière aussi sérieuse que celle concernant les obligations résultant de la tutelle. Mais il ne faut pas oublier que cette loi est faite dans le but d'assurer la conservation de la fortune mobilière des mineurs et des interdits, et qu'elle s'applique non seulement aux titres des valeurs mobilières, mais à tous les meubles incorporels appartenant au mineur. Elle doit dès lors réglementer tout ce qui concerne ces droits mobiliers incorporels. Or, les capitaux versés entre les mains du tuteur, quelle que soit leur origine, doivent être classés parmi les meubles incorporels, et à ce titre ils rentrent dans la catégorie des objets que la loi du 27 février 1880 a pour but de réglementer. Les rédacteurs de cette loi ont pu dès lors, sans violer aucun des principes qui régissent la spécialité de certaines lois, ordonner l'emploi de tous les capitaux qui appartiennnent aux mineurs et aux interdits, ou qui leur adviendront par succession ou autrement pendant le cours de la tutelle.

Ces considérations suffisent pour établir quelle est la réelle portée de l'art. 6 de la loi de 1880 et pour constater qu'en réalité, il est venu combler une lacune qui existait dans les dispositions du Code civil concernant les obligations d'emploi imposées au tuteur: il met fin aux difficultés soulevées par la rédaction de l'art 455, qui n'ordonne l'emploi que de l'excédent des revenus sur les dépenses. D'après les prescriptions nouvelles de la loi, le tuteur est tenu d'employer tous capitaux appartenant au mineur ou à l'interdit, quelle que soit leur origine, sans distinction entre les sommes provenant du remboursement d'un titre de valeur mobilière, et celles léguées directement à ses pupilles ou qui proviendraient du remboursement d'une créance, rachat de rentes, versement du prix d'un immeuble, ou même dont le tuteur serait lui-même débiteur, et qui deviendraient exigibles au cours de la tutelle.

83. Il n'y a même point lieu, à notre avis, d'exonérer de cette obligation les père et mère tuteurs de leurs enfants mineurs. L'art. 454 du Code civil qui détermine les devoirs du conseil de famille au point de vue de la fixation du chiffre de la dépense annuelle du mineur, n'est, il est vrai, applicable que dans les tutelles autres que celle des père et mère, et la doctrine reconnaît qu'il en est de même des dispositions comprises dans les art. 455 et 456. Mais ces articles ne s'occupent que des revenus du mineur, et ne parlent d'emploi qu'au point de vue de l'excédent de ces revenus. Le Code civil, nous l'avons déjà dit, est complètement muet sur la nécessité de faire emploi des capitaux du mineur, et ce devoir ne résulte que des obligations générales du tuteur. Or, il existe une différence notable à ce point de vue entre les revenus du mineur et les capitaux qui lui appartiennent. Le législateur ne pouvait point imposer au père ou à la mère des obligations rigoureuses pour l'emploi des revenus. Ils sont plus à même qu'aucun des membres du conseil de famille de déterminer les dépenses nécessaires à l'éducation du mineur, suivant le rang qu'il doit tenir dans la société. Jusqu'à ce que le mineur ait atteint l'âge de dix-huit ans, les père et mère ont la jouissance légale de ces revenus. L'exception inscrite dans l'art. 454 du Code civil, même étendue aux art. 455 et 456, est donc conforme au respect de la famille et aux droits de la puissance paternelle, et ne peut pas nuire aux intérêts pécuniaires du mineur.

Il n'en est pas de même à l'égard des capitaux. Les père et mère, tuteurs légaux de leurs enfants mineurs, sont tenus des mêmes obligations que les autres tuteurs, au point de vue de la conservation de la fortune de leurs enfants; ceux-ci ont hypothèque légale sur leurs biens pour la garantie de leur gestion. L'exception de l'art. 454 du Code civil n'a jamais été invoquée en leur faveur comme étant de nature à leur permettre de disposer à leur gré des capitaux de leurs pupilles. La prescription formelle écrite dans l'art. 6 de la loi du 27 février 1880 leur est donc applicable, aussi bien que les autres dispositions de cette loi (1).

(1) Conf. Douai, 24 juin 1880. Bioche, *Journ. proc.*, 1881, n° 11626.

84. Au surplus, aucun doute n'est possible sur ce point en présence des discussions qui ont eu lieu au cours des diverses délibérations du projet de loi. Dans la séance du Sénat du 25 mai 1878, lors de la deuxième délibération, M. Clément avait exprimé certaines préoccupations à cet égard. Il se demandait si le père de famille, coïntéressé avec ses enfants, n'éprouverait pas une certaine gêne pour l'exécution de la loi. Il peut en effet arriver qu'au moment du décès de la mère qui laisse pour héritiers des enfants mineurs, les capitaux composant sa succession, les reprises à exercer au nom de ses héritiers, soient placés dans la maison de commerce du père, qui éprouverait un réel embarras s'il devait les retirer de son industrie pour en faire un emploi déterminé au nom de ses enfants mineurs.

Le rapporteur a répondu à ces préoccupations dans des termes qu'il est utile de rappeler, parce qu'ils repoussent toute crainte de cette nature, mais en établissant que le père tuteur n'est pas dispensé de l'obligation du remploi. « Il n'a pas été et il ne pouvait pas être dans la pensée de la commission, a dit M. Denormandie au Sénat, d'apporter une gêne de cette nature; ce que nous avons voulu, c'est que le bien du mineur, c'est que son titre, son capital après liquidation, ne fussent pas exposés à des risques; mais il n'est jamais entré dans notre pensée d'apporter le moindre trouble aux intérêts généraux de la famille, aux mesures que le père croirait devoir prendre, pourvu qu'il restât, bien entendu, dans les termes de la loi. Il y a tel ou tel placement qui pourra être excellent sur le père lui-même, dans son commerce, dans son industrie, sur une maison de famille. Le conseil de famille appréciera (1). »

Il résulte de ces termes que, si le conseil de famille ne doit point se montrer trop rigoureux quant au mode de placement proposé par le père tuteur pour l'emploi des capitaux appartenant à ses enfants mineurs, en principe le père est tenu de faire cet emploi ainsi que les tuteurs datifs. Les rédacteurs de la loi n'ont eu aucune hésitation sur la portée de l'art. 6 à cet égard. Lors du dernier renvoi du projet de loi devant le Sénat, après sa discussion à la Chambre des députés, M. Griffe proposa un amendement formel tendant à attribuer au conseil

(1) Séance du Sénat, 25 mai 1878. *Journal offic.*, 26 mai.

de famille le pouvoir d'affranchir les père et mère tuteurs légaux de l'obligation de faire emploi des capitaux appartenant aux mineurs, sous la seule garantie de l'hypothèque légale. L'amendement fut retiré sur une observation du rapporteur faite dans des termes qui sont de nature à dissiper la crainte des embarras qui pourraient être soulevés au père par le décès de la mère et l'ouverture de sa succession. « L'auteur de l'amendement, disait M. Denormandie, craignait que notre rédaction n'eût une portée plus grande que celle qu'elle a réellement. Il craignait qu'elle n'eût un effet rétroactif, tandis que, dans notre pensée, nous ne visons que les capitaux disponibles au moment de l'ouverture de la succession. C'est d'après ces explications que cet amendement a été retiré (1). »

85. Il faut conclure de ce qui précède, d'une part et d'une manière incontestable, que l'art. 6 de la loi du 27 février 1880 impose à tous les tuteurs, même aux père et mère tuteurs légaux de leurs enfants mineurs, l'obligation absolue de faire emploi des capitaux appartenant à leurs pupilles, quelles que soient leur source et leur origine ; d'autre part, que la loi veut assurer le placement de ces capitaux après liquidation, lorsqu'ils deviennent disponibles, sans que le tuteur soit obligé d'en demander le remboursement et sans que le conseil de famille puisse en exiger le retrait, s'ils sont placés d'une manière présentant des garanties désirables, même dans la maison de commerce ou dans l'industrie du tuteur, surtout lorsque celui-ci est le père des mineurs. En un mot, la loi a voulu prendre une mesure de protection pour la fortune des mineurs, mais sans aucune défiance contre le tuteur. « Elle n'a rien voulu d'excessif. Il ne fallait pas discréditer les fonctions de tuteur et en éloigner beaucoup de personnes peu désireuses naturellement d'accepter un titre qui eût été à l'avance suspect pour ainsi dire de plein droit (2). » Il appartient aux conseils de famille et, après eux, aux tribunaux d'assurer l'exécution de ces dispositions légales dans de sages limites, sans rigueur excessive et cependant sans faiblesse, de manière à donner aux mineurs et aux interdits les garanties auxquelles ils ont droit, sans apporter le trouble dans les affaires ou dans l'administration des tuteurs.

(1) Séance du Sénat, 5 février 1880. *Journal offic.*, 6 février.
(2) Séance du Sénat, 25 mai 1878. *Journal offic.*, 26 mai.

L'obligation imposée au tuteur de faire emploi des capitaux du mineur s'applique à toutes les sommes qui seront remboursées pendant le cours de la tutelle, même à celles provenant de l'exécution de contrats antérieurs à la promulgation de la loi de 1880, par exemple d'une vente dont le prix n'était pas encore payé à cette époque par l'acquéreur. En vain soutiendrait-on que l'aliénation des immeubles ayant eu lieu antérieurement à la loi, le paiement du prix doit être réglé par les principes du droit en vigueur au moment de l'adjudication. Les lois nouvelles régissent tous les actes qui se réalisent depuis leur promulgation, surtout en ce qui concerne la capacité des personnes. Le tuteur doit donc se soumettre aux règles qui déterminent ses obligations, au moment du versement fait entre ses mains pour le compte du mineur (1).

86. L'art. 6 de la loi du 27 février 1880, après avoir imposé aux tuteurs l'obligation de faire emploi des capitaux qui appartiennent au mineur ou à l'interdit, ou qui lui adviendront au cours de la tutelle, devait déterminer d'une manière précise le délai dans lequel sera fait cet emploi. Le Sénat s'en était référé, à cet égard, aux délais fixés par l'article précédent, qui accorde au tuteur un laps de trois mois pour convertir en titres nominatifs les titres au porteur appartenant au pupille. A la Chambre des députés, certaines modifications avaient été apportées à la rédaction de l'art. 5, ce qui pouvait soulever quelques incertitudes sur le renvoi à cet article, tel qu'il avait été voté par le Sénat. La rédaction de l'art. 6 fut donc précisée et le délai accordé au tuteur pour l'emploi des capitaux du mineur fixé à trois mois, à moins que le conseil n'accorde un délai plus long, lorsqu'il juge que cette prorogation est utile aux intérêts du mineur ou nécessitée par les circonstances.

Cette disposition indique, en ce qui touche l'emploi des capitaux, un délai différent de celui qui est accordé au tuteur par l'art. 455 du Code civil, et elle doit dès lors être, à notre avis, restreinte à l'hypothèse qu'elle précise. Lorsqu'il s'agira de l'emploi de l'excédent des revenus sur les dépenses, cas expressément prévu par l'art. 455, le tuteur conservera le droit d'invoquer les dispositions de cet article, et de ne faire emploi de cet excédent que dans le délai de six mois. La loi

(1) Cass., ch. req., 7 mars 1881. Bioche, *Journ. proc.*, 1881, n° 11626.

spéciale dont nous étudions les prescriptions n'abroge, en effet, aucun des articles du Code civil concernant l'administration du tuteur, et elle ne peut pas être considérée comme les ayant implicitement modifiés. Nous avons déjà dit que l'art. 6 de la loi du 27 février 1880, en imposant au tuteur l'emploi des capitaux du mineur, prévoit un cas spécial non réglé par le Code civil. Les rédacteurs de cet article ont pensé, avec raison, que le délai fixé pour cet emploi devait être fort court et aussi restreint que possible, pour ne point exposer trop longtemps le mineur à la perte de ses revenus. La fortune du mineur peut se composer exclusivement des capitaux devenus disponibles par la liquidation de la succession qui a donné ouverture à la tutelle. Si la loi avait accordé, pour l'emploi ou le placement de ces capitaux, un délai de six mois, comme dans le cas prévu par l'art. 455 du Code civil, elle eût implicitement donné au tuteur, pendant ce temps, la jouissance de ces capitaux au détriment des intérêts du mineur. Il était indispensable de laisser au tuteur un délai suffisant pour trouver un emploi convenable, mais il fallait le restreindre dans les limites les plus étroites. Lorsqu'il s'agit, au contraire, du placement de l'excédent des revenus du mineur, c'est-à-dire, en réalité, de capitaliser une partie de ces revenus, la fortune du mineur reste intacte; il y a moins d'urgence à s'occuper de cette capitalisation, et les rédacteurs de la loi de 1880 ont agi avec prudence en ne modifiant pas les dispositions du Code civil, auxquelles il ne doit être porté atteinte qu'en cas de nécessité absolue et bien justifiée. L'art. 455 du Code civil doit donc continuer à recevoir son application dans les cas qu'il prévoit, même pour les délais qu'il détermine, et nous verrons plus loin que, loin de modifier les prescriptions de cet article, les rédacteurs de l'art. 6 ont jugé utile de viser d'une manière expresse les autres règles qu'il contient, et de les rendre applicables au cas nouveau prévu par la loi.

87. L'art. 455 du Code civil, en accordant au tuteur un déla de six mois pour faire emploi de l'excédent des revenus sur les dépenses du mineur, n'a pas fixé le point de départ de ce délai, et son silence à cet égard a donné lieu à des interprétations diverses. Certains auteurs ont soutenu que l'art. 455 était applicable à toutes les sommes que le tuteur encaissait pour le compte de son pupille, c'est-à-dire en réalité à tous les capi-

taux disponibles, et qu'à défaut de faire emploi de ces sommes dans le délai de six mois, le tuteur en devait les intérêts. Mais quel était le point de départ de ces six mois? Les auteurs ne se sont pas préoccupés de la question, et nous ne connaissons sur ce point que deux décisions judiciaires, rendues dans des espèces où il s'agissait d'excédents sur les revenus annuels du mineur. Dans ces circonstances, les tribunaux ont pu déclarer que, pour constater un excédent, il fallait établir un compte, une balance, et que dès lors le délai de six mois ne doit courir que du jour où cette balance sera arrêtée d'après les états de situation remis au subrogé tuteur (1). Mais ces solutions ne nous paraissent pas applicables lorsqu'il s'agit de l'emploi de capitaux devenus disponibles. Le tuteur est tenu de gérer les biens du mineur en bon père de famille ; il a dès lors l'obligation, même en l'absence de toute prescription légale, de faire produire le plus promptement possible des revenus aux capitaux qui sont versés entre ses mains. En admettant qu'il puisse invoquer dans ce cas les dispositions de l'art. 455 du Code civil, le délai de six mois fixé par cet article doit courir du jour de la disponibilité des sommes appartenant au mineur et de leur remboursement entre les mains du tuteur.

Il est regrettable qu'en présence des incertitudes que présente la solution de cette question, les rédacteurs de la loi du 27 février 1880 n'aient point précisé, dans l'art. 6, le point de départ du délai de trois mois qui est accordé au tuteur pour faire emploi des capitaux appartenant au mineur ou à l'interdit. Le silence de la loi à cet égard ne peut s'expliquer que par la modification apportée par la Chambre des députés à la rédaction de l'article précédemment voté par le Sénat; et cette modification même suffit pour établir qu'aucun doute ne peut exister sur le point de départ du délai qui est imparti au tuteur.

88. L'art. 6 voté par le Sénat, dans la séance du 25 mai 1878, était ainsi rédigé : « Le tuteur devra, *dans les délais ci-dessus déterminés*, faire emploi des capitaux appartenant au mineur ou à l'interdit, ou qui leur adviendraient par succession ou autrement. » Pour savoir ce que les rédacteurs entendaient par les délais ci-dessus déterminés, il suffit de se reporter aux articles

(1) Rouen, 17 février 1842, D. P. 43, 2, 67, S. V. 43, 2, 103 ; Douai, 5 avril 1865, S. V. 66, 2, 301 ; V. Chardon, *Puiss. tut.*, n° 515.

précédents. Un seul de ces articles parle de délai, c'est l'art. 5 qui accorde au tuteur un délai de trois mois pour convertir en titres nominatifs les titres au porteur appartenant au mineur ou à l'interdit, et cet article détermine le point de départ de ce délai : Le tuteur devra, dans les trois mois *qui suivront l'ouverture de la tutelle,* convertir en titres nominatifs les titres au porteur... Cette première partie de l'art. 5 ne laisse aucune incertitude sur le point de départ du délai, lorsque les titres sont à la disposition du tuteur au moment de l'ouverture de la tutelle. Si pendant le cours de la tutelle il advient des titres au mineur, de quelque manière que ce soit, le tuteur devra les convertir dans le même délai, *à partir,* dit le second paragraphe de l'art. 5, de *l'attribution définitive ou de la mise en possession de ces valeurs.* La rédaction de l'article prévoi donc les diverses hypothèses qui peuvent se produire et fixe dans les différents cas le point de départ du délai de trois mois qu'il détermine.

L'art. 6, tel qu'il avait été voté par le Sénat, ne présentait pas plus d'incertitude. Le tuteur, disait cet article, doit faire emploi des capitaux du mineur dans les délais ci-dessus déterminés, ce qui voulait dire en se reportant aux articles précédents, dans les trois mois du jour de l'ouverture de la tutelle pour les sommes disponibles à cette époque et remises entre les mains du tuteur, et pour celles qui adviendraient au mineur pendant le cours de la tutelle, dans les trois mois du jour de leur attribution définitive au mineur et de leur prise en possession par le tuteur. La nouvelle rédaction qui a été votée par la Chambre des députés n'a pas eu d'autre but que de rendre l'article plus précis et de ne laisser aucune incertitude sur la fixation du délai qu'il indiquait. Au lieu de ces mots : « dans les délais déterminés, » il a reproduit textuellement la durée du délai fixé par l'art. 5, et il a dit que le tuteur devrait faire emploi dans le délai de trois mois. Il est incontestable que le point de départ de ce délai est celui indiqué par l'art. 5, c'est-à-dire l'ouverture de la tutelle pour les capitaux disponibles à cette époque et dont le tuteur est mis en possession immédiate, et pour ceux qui adviendraient au mineur par succession ou autrement pendant le cours de la tutelle, le jour de leur attribution définitive au profit du mineur et du versement entre les mains du tuteur, ou le jour même de cette prise de possession, si elle n'a pas lieu en même temps que l'attribution résultant d'un partage ou d'une liquidation.

89. La loi devait prévoir le cas où différentes circonstances, peut-être même l'intérêt bien entendu du mineur, s'opposeraient à ce que les capitaux versés entre les mains du tuteur soient employés dans le délai qu'elle détermine. Les placements, même en valeurs mobilières, entraînent quelques frais et peuvent présenter certaines chances aléatoires. Supposons que le tuteur soit mis en possession de capitaux appartenant au mineur, cinq ou six jours avant l'échéance d'une dette à la charge de ce dernier et dont le remboursement ne peut être avancé, qu'il s'agisse, par exemple, du prix d'un immeuble acheté par les auteurs du mineur, et qui ne peut être payé qu'après l'accomplissement de formalités de purge ou autres, le tuteur devait-il être obligé, pour satisfaire au vœu de la loi, de faire un placement provisoire? Cette rigueur eût exposé le mineur à subir les chances de perte que les variations des cours de la Bourse peuvent imposer sur les valeurs les plus sûres. Si ce placement provisoire avait lieu en achats de rentes sur l'État ou d'autres titres de valeurs mobilières, le tuteur aurait été obligé, quelques mois après, de solliciter du conseil de famille l'autorisation de vendre ces titres, de demander au tribunal l'homologation de la délibération, si le capital était supérieur à 1,500 francs, ce qui eût exposé le mineur à subir les chances de dépréciation, les lenteurs et les frais qu'entraînent ces procédures.

Le législateur, qui ne voulait rien faire d'excessif, a compris les inconvénients d'un système trop absolu; il a permis au conseil de famille de proroger le délai de trois mois accordé au tuteur pour l'emploi des capitaux, et lui a laissé le droit d'apprécier s'il devait ordonner le dépôt des sommes disponibles à la Caisse des consignations, ou entre les mains d'une personne ou d'une société déterminée, ou s'il pouvait les laisser entre celles du tuteur. La loi, en donnant au conseil de famille la faculté d'ordonner ce dépôt, s'en rapporte à son appréciation sur ce point. Toutefois, il est utile de rappeler ce que nous avons dit à cet égard dans le chapitre précédent, en étudiant les dispositions de l'art. 5 (1); la décision du conseil de famille ne doit

(1) V. *suprà*, nos 62 et suiv.

être déterminée que par les intérêts du mineur. Il manquerait à ses devoirs si, par faiblesse ou complaisance pour le tuteur, il négligeait de prendre une mesure utile à la garantie de la fortune du mineur. Le juge de paix chargé de la présidence du conseil de famille doit faire comprendre aux membres qui le composent quels sont leurs devoirs à cet égard, et, en cas de négligence de leur part, ne pas hésiter à formuler dans la délibération un avis contraire, de manière à permettre au subrogé tuteur de se pourvoir devant les tribunaux, conformément à l'art. 883 du Code de procédure civile.

90. L'art. 6 ne se borne pas à imposer au tuteur l'obligation de faire emploi des capitaux appartenant au mineur dans un délai de trois mois, à moins que le conseil de famille ne fixe le délai plus long. Il comprend un deuxième paragraphe, destiné sans doute, dans la pensée de ses rédacteurs, à prévenir toutes difficultés, mais qui pourrait bien avoir un résultat contraire. Ce paragraphe est ainsi conçu : « Les règles prescrites par les articles ci-dessus et par l'art. 455 du Code civil seront applicables à cet emploi. »

Si on s'arrête à la première partie de ce paragraphe, il est permis de se demander quelles sont les règles prescrites par les articles précédents, qui peuvent être déclarées applicables au cas prévu par l'art. 6. Nous n'en trouvons aucune dans les art. 1, 2 et 3 de la loi, qui imposent la nécessité d'une autorisation du conseil de famille pour aliéner les rentes, actions, parts d'intérêts ou autres meubles incorporels appartenant au mineur, indiquent les cas où il y a lieu de faire homologuer la délibération du conseil de famille qui accorde cette autorisation, et enfin déterminent le mode d'aliénation. Il en existe moins encore dans l'art. 4, qui se borne à assimiler le mineur émancipé au mineur et à l'interdit, pour l'aliénation de ses meubles incorporels. Les seules règles que le deuxième paragraphe de l'art. 6 ait pu vouloir viser sont celles prescrites par l'art. 5, qui, après avoir imposé au tuteur l'obligation de convertir en titres nominatifs les valeurs au porteur appartenant au mineur, détermine dans quel délai aura lieu cette conversion, autorise le conseil de famille à proroger ce délai, ou même à permettre au tuteur de conserver provisoirement les titres au porteur, et lui donne la faculté d'en ordonner dans ce cas le dépôt, s'il le juge convenable, soit à la Caisse des consignations, soit entre les mains d'une personne ou d'une société spécialement désignée.

Ces règles sont applicables au cas prévu par l'art. 6, et nous avons déjà dit que le tuteur doit faire emploi des capitaux dans le délai de trois mois, à moins que le conseil de famille ne fixe un délai plus long, auquel cas le conseil peut, s'il le juge convenable, en ordonner le dépôt à la Caisse des consignations ou entre les mains d'une personne ou d'une société désignée. Mais le renvoi à l'art. 5 était inutile sur ce point. Le premier paragraphe de l'art. 6 le dit d'une manière expresse. Les premiers mots du second paragraphe de cet article sont donc sans objet, à moins qu'on ne les considère comme ayant trait uniquement à la fixation du point de départ du délai de trois mois. Nous croyons plus exact de reconnaître que les termes de ce paragraphe sont dus à la modification introduite lors de la discussion devant la Chambre des députés, dans la rédaction primitive votée par le Sénat.

Le texte de l'art. 6 adopté par le Sénat dans la séance du 25 mai 1878 ne déterminait, ni le délai accordé au tuteur pour l'emploi des capitaux du mineur, ni la faculté laissée au conseil de famille de proroger ce délai, ni le droit reconnu à ce conseil d'ordonner le dépôt des sommes non employées. Ces différents points si importants étaient réglés par un simple renvoi à l'article précédent. Cet article était ainsi conçu :

« Art. 6. Le tuteur devra, dans les délais ci-dessus déterminés, faire emploi des capitaux appartenant au mineur ou à l'interdit, ou qui leur adviendraient par succession ou autrement. — Les règles prescrites par les articles ci dessus sont applicables à cet emploi (1). »

La commission de la Chambre des députés a voulu être plus précise. Elle a pris dans l'art. 5 tout ce qui était applicable à l'emploi des capitaux des mineurs, et l'a introduit dans une nouvelle rédaction de l'art. 6, devenue définitive. Puis elle a conservé, sans penser à son inutilité, le renvoi aux règles des articles précédents. Telle est la seule explication possible des premiers mots du second paragraphe de l'art. 6, dont il n'y a dès lors pas lieu de se préoccuper.

91. Il en est autrement du surplus de ce paragraphe qui vise

(1) Séance du Sénat, 25 mai 1878. *Journal offic.*, 26 mai.

l'art. 455 du Code civil. Cette addition a été faite au cours de la seconde délibération du projet de loi devant le Sénat, sur la demande du rapporteur de la commission, M. Denormandie, qui, après avoir exposé l'utilité d'une disposition légale pour assurer l'emploi des capitaux appartenant au mineur, s'exprimait dans les termes suivants :

« A côté de cela, il y a dans l'art. 455 du Code civil des prescriptions essentiellement utiles, et, comme il ne fallait pas que l'art. 6 de la nouvelle loi parût laisser complètement de côté l'art. 455 du Code civil, nous avons pensé qu'il était utile de viser à nouveau cet article, de créer un lien entre les deux dispositions et, en conséquence, nous vous proposons de modifier le deuxième paragraphe de notre article par la rédaction suivante : « Les règles prescrites par les articles ci-dessus ou « par l'art. 455 du Code civil seront applicables à cet em- « ploi (1). »

Il faut donc rechercher, en présence des termes un peu vagues dont s'est servi M. Denormandie, quelles sont les règles de l'art. 455 du Code civil qui ont été ainsi introduites dans l'art. 6 de la loi du 27 février 1880. L'art. 455 contient deux dispositions distinctes et utiles aux intérêts du mineur. D'une part, il confère au conseil de famille le soin de déterminer la somme à laquelle commence pour le tuteur l'obligation d'employer l'excédent des revenus du mineur; et, d'autre part, il déclare que, passé le délai fixé pour cet emploi, le tuteur devra les intérêts des sommes non employées. Ces deux dispositions sont, à notre avis, applicables au cas prévu par l'art. 6 de la loi de 1880, et c'est dans le but d'assurer cette application que les rédacteurs de cet article y ont joint le paragraphe qui vise l'art. 455. Sans doute, en principe, le tuteur doit placer tous les capitaux appartenant à son pupille, et, dès lors, il semble que le conseil n'a pas à déterminer quelles sont les sommes qui doivent être placées. Mais si ce principe est vrai toutes les fois que la fortune du mineur est assez considérable pour suffire à toutes ses dépenses à l'aide des revenus annuels, il peut en être autrement en cas d'insuffisance de ces revenus.

92. La loi qui prescrit d'une manière absolue l'emploi de

(1) Séance du Sénat, 25 mai 1878, *Journal offic.*, 26 mai.

tous les capitaux appartenant au mineur ou à l'interdit, ne pouvait point laisser à l'arbitraire du tuteur la faculté d'apprécier s'il ne serait pas nécessaire d'employer un capital minime dont il recevrait le remboursement, à des dépenses ayant un caractère d'utilité incontestable.

La question s'est présentée sous l'empire des règles du droit commun, et les auteurs qui pensaient que les termes de l'art. 455 du Code civil imposaient au tuteur l'obligation de faire emploi de tous les capitaux qui lui étaient remboursés, reconnaissaient que cette obligation ne commençait à courir que lorsque les capitaux devenus disponibles, joints aux revenus encaissés par le tuteur, dépassaient le chiffre des dépenses déterminé par le conseil de famille (1). Cette solution ne serait plus possible en présence des termes formels de l'art. 6 de la loi de 1880. Le tuteur doit faire emploi de tous les capitaux dans un délai de trois mois; mais, si au moment où une somme lui est versée, par exemple par suite du remboursement du capital d'obligations de chemins de fer devenues exigibles par suite du tirage au sort, le tuteur croit utile d'employer cette somme, en tout ou en partie, à une dépense profitable aux intérêts du mineur et qu'il n'aurait pu faire avec ses revenus, il pourra s'adresser au conseil de famille, qui déterminera la somme à laquelle commencera l'obligation d'emploi comme excédant la dépense jugée nécessaire. Les termes de la loi ne sont pas précis à cet égard, et il eût été préférable que ses rédacteurs se fussent expliqués d'une manière plus formelle. Mais tel nous paraît le sens qui doit être donné aux paroles de M. Denormandie, et à la volonté qu'il a exprimée de créer un lien entre l'art. 455 et les dispositions de la loi nouvelle pour maintenir les prescriptions utiles de cet article.

93. Les dispositions de l'art. 455 du Code civil sont également applicables à un autre point de vue. Les obligations imposées au tuteur par l'art. 6 de la loi du 27 février 1880 sont dépourvues de toute sanction. Sur ce point, M. Denormandie s'est borné à déclarer au Sénat que la commission n'avait rien voulu d'excessif, précisément parce que la matière est délicate. Il ajoutait : « Les dispositions de la loi ne sont pas toutes accompagnées d'une sanction pénale : le législateur pose le principe;

(1) Laurent, *Principes du droit civil*, t. V, n° 32.

les tribunaux sont chargés d'en tirer toutes les conséquences, et, le cas échéant, d'appliquer la pénalité (1). » La seule sanction qu'il était possible d'introduire dans la loi, sans effrayer les personnes chargées des tutelles, est celle qui résulte du droit commun, et il était dès lors inutile de l'édicter de nouveau. L'art. 455 du Code civil, conforme aux principes de l'équité, déclare que, lorsqu'il n'aura pas été fait emploi de l'excédent des revenus du mineur dans le délai de six mois qu'il détermine, le tuteur devra les intérêts à défaut d'emploi. Ce principe est tellement général, que les tribunaux l'ont appliqué même aux sommes dont le tuteur avait négligé de poursuivre le recouvrement après leur exigibilité (2). Il est, en effet, incontestable que les règles du Code civil ne permettent point que les capitaux du mineur restent improductifs par le fait ou par la faute du tuteur. Cette régle étant visée par l'art. 6 de la loi de 1880, le tuteur qui aura négligé de faire emploi des capitaux du mineur dans le délai de trois mois au mépris de l'obligation expresse qui lui est imposée par cet article, devra de plein droit les intérêts de ces capitaux, à partir de l'expiration de ce délai. Vainement opposerait-il que la loi nouvelle ne contient point de disposition expresse à cet égard. Les tribunaux trouveraient une base juridique de la condamnation du tuteur au paiement de ces intérêts, dans le deuxième paragraphe de l'art. 6, aux termes duquel les règles prescrites par l'art. 455 du Code civil sont applicables à cet emploi.

94. Le dernier paragraphe de l'art. 6 déclare que les tiers ne seront en aucun cas garants de l'emploi. Cette disposition, qui formait l'art. 7 du projet de loi adopté par le Sénat, réunie à l'art. 6 par la Chambre des députés, a été introduite dans la rédaction de la loi par un amendement présenté au Sénat par M. Clément, et qui a été accepté par la commission et par M. le garde des sceaux.

La commission du Sénat s'était préoccupée de la question d'une manière générale à un autre point de vue. Elle s'était demandé si les tiers pouvaient être responsables de l'exécution des mesures que l'art. 1er de la loi permet aux conseils de famille de prescrire pour l'emploi des valeurs dont

(1) Séance du Sénat, 25 mai 1878. *Journal offic.*, 26 mai.

(2) Lyon, 16 février 1835, S. V. 35, 2, 310; Cass., 24 nov. 1842, S. V. 42, 1, 324; Aubry et Rau, t. I, § 113, note 41; Demolombe, t. VII, n° 620.

il autorise l'aliénation. Nous avons dit que toute difficulté sur ce point était écartée par les termes du premier rapport de M. Denormandie, d'où il résulte que les tiers ne peuvent jamais être responsables de l'emploi des sommes qu'ils versent au tuteur, pour prix d'une aliénation régulièrement autorisée (1). Mais il était utile de préciser la volonté du législateur à l'égard de l'emploi des capitaux du mineur et de l'interdit. L'amendement de M. Clément a eu pour but d'indiquer que les tiers ne pourraient jamais être déclarés garants de l'emploi imposé au tuteur.

95. Le rapporteur de la commission, loin de contester l'utilité de cet amendement, a lui-même exposé la nécessité de le voter, et les termes dont il s'est servi précisent la portée de la loi. « La question que soulève l'honorable M. Clément et à laquelle nous avons donné satisfaction, est une de celles qui se présentent le plus fréquemment dans la pratique des affaires; elle exige absolument une explication.

« Quelle sera la position des tiers à l'égard des capitaux qu'ils auront à rembourser ou des titres dont ils auront fait l'acquisition et dont ils doivent le prix ? Ces tiers seront-ils responsables?

« Qu'est-ce que c'est que la garantie des tiers? Quand les tiers sont-ils garants? Quand sont-ils responsables? Quand sont-ils obligés, — pour me servir de l'expression juridique, — de suivre ou au moins de surveiller l'emploi?

« Messieurs, la question ne peut être appréciée, et conséquemment, résolue d'une façon générale et absolue, parce que la solution dépend du contrat que l'on exécute et qui est, soit un contrat de mariage, soit un contrat privé, soit une stipulation faite en tels ou tels termes pour les cas d'aliénation successives de telle ou telle propriété.

« Cette responsabilité des tiers est une chose qui les préoccupe si légitimement, qu'ils hésitent à se libérer entre les mains d'une personne qui peut n'avoir pas capacité pour recevoir; puis, sont-ils juges de l'emploi? peuvent-ils l'exiger? sont-ils juges simplement de sa matérialité ? le sont-ils même de l'utilité de cet emploi ? Vous voyez jusqu'où va la question.

(1) Voir premier rapport de M. Denormandie. S. V. *Lois annotées*, 1880, p. 548, note 1 et *suprà*, n° 24.

« Pour vous faire bien comprendre son intérêt, voici comment elle pourrait naître à l'occasion de la présente loi.

« Voici un tiers qui a acheté cinquante actions et qui en doit e prix ou qui est débiteur vis-à-vis de la tutelle et qui doit rembourser un capital.

« Ce tiers auquel on demande le remboursement ou le paiement dû, dit au tuteur : Je ne vous paie pas, parce qu'il est intervenu en 1880 une loi qui vous oblige, comme tuteur, à faire emploi. Je ne sais pas si vous ferez emploi, — vous êtes peut-être un mauvais tuteur; vous serez peut-être un tuteur infidèle, et en conséquence, si je n'exige pas que, sous mes yeux, vous fassiez l'emploi dont il s'agit, je puis être rendu responsable.

« Voilà ce qu'un tiers pourrait dire; voilà la question qui est au fond de l'amendement de l'honorable M. Clément.

« A cela, le tuteur pourrait répondre que la nécessité de cette surveillance de la part de son débiteur et de sa préoccupation ne résulte pas de la loi. Il pourrait même dire : « J'ai par la loi même un délai de plusieurs mois pour faire tel ou tel emploi ; votre remboursement ne peut être tenu ainsi en échec et non régularisé ; il résulte donc de la force des choses que la loi ne vous autorise pas à me surveiller et à exiger l'emploi. »

« Vous voyez d'ici le conflit, le litige qui pourrait s'engager.

« Nous sommes tous d'accord sur la question du fond, à savoir que la préoccupation du tiers serait exagérée, et qu'en un mot, en cette matière, les tiers ne sont pas responsables, donc non garants.

« Mais, direz-vous, pourquoi avez-vous hésité alors à mettre dans la loi que les tiers ne seraient pas responsables et ne seraient pas garants? Il importe de vous le dire, et c'est là précisément l'intérêt de mon observation.

« Comme tous les jours, des débats s'engagent devant les tribunaux sur des questions de cette nature, sur le silence de la loi, sur le silence ou sur l'ambiguïté de certains contrats, nous avions d'abord pensé qu'il n'était peut-être pas sans danger de dire dans la présente loi que les tiers ne seraient pas responsables.

« Nous avions la crainte que ceux qui sont des tiers dans des affaires d'une autre nature, en présence d'autres contrats, par exemple vis-à-vis de femmes mariées, ne vinssent s'emparer de la présente loi pour soutenir que, n'étant pas affranchis de la garantie par une disposition expresse de la loi ou du contrat, ils ont le droit de se refuser à tout paiement, et se croient fondés à recourir à des exigences et par suite à des libérations judiciaires.

« Cependant, sur les observations de notre honorable collègue, et après en avoir de nouveau délibéré, nous avons consenti à faire le nouvel art. 7.

« Mais, je déclare au nom de la commission, qu'ici l'affranchissement des tiers est spécial à la matière qui nous occupe, et que les autres espèces qui peuvent être tous les jours soumises aux tribunaux, resteront ce qu'elles sont et dépendront de l'interprétation des contrats.

« L'affranchissement des tiers que nous inscrivons dans la présente loi ne saurait avoir une portée générale ; il est spécial aux tiers qui ont à traiter, à compter avec les tuteurs dans les conditions de la présente loi.

« Enfin, messieurs, un dernier mot. Quand nous parlons des tiers et de leur affranchissement, il est bien entendu que nous ne prétendons pas aller jusqu'à affranchir les tiers qui auraient commis l'imprudence et la faute de traiter directement avec le tuteur non autorisé. Nous parlons d'un tiers qui a acheté valablement à la suite d'une délibération du conseil de famille. Mais, si un tiers se présente qui aurait eu la témérité d'acheter de la main à la main d'un tuteur non autorisé, il est bien entendu, que par une pareille imprudence, il ne serait pas affranchi de la responsabilité.

« *M. Léon Clément*. Vous comprenez parmi les tiers les établissements financiers qui opéreront le transfert?

« *M. le rapporteur*. Bien entendu (1). »

Après ces observations, le Sénat a voté le texte qui forme le troisième paragraphe de l'art. 6, et qui est ainsi conçu : « Les tiers ne seront en aucun cas garants de l'emploi. » Pour compléter la pensée du rapporteur de la loi sur ce point important, il est utile de citer les quelques mots qu'il a ajoutés dans son second rapport, lors du renvoi du projet de loi au Sénat, après le vote de la Chambre des députés.

(1) Séance du 25 mai 1878. *Journal offic.*, 26 mai.

« Nous avions déclaré dans l'art. 7, dit-il, que les tiers ne seraient, en aucun cas, garants de l'emploi. La Chambre des députés l'a dit dans un paragraphe qu'elle ajoute à l'art. 6; cela nous importe peu. Seulement, disons en outre, et pour éviter tout malentendu, qu'ils n'auront pas non plus à suivre l'emploi (1). » De son côté, M. Jozon, rapporteur de la commission à la Chambre des députés, déclare expressément que « les tiers ne pourront être rendus responsables ni de l'utilité, ni même de l'existence de l'emploi (2). »

96. Nous avons cru nécessaire de citer textuellement les observations auxquelles a donné lieu la rédaction de ce paragraphe de l'art. 6, en raison de l'importance qu'il présente dans la pratique des affaires. Le silence de la loi sur ce point eût donné naissance à des difficultés de toutes natures. Les débiteurs du mineur, les acquéreurs d'un immeuble lui ayant appartenu, auraient refusé de se libérer entre les mains du tuteur, sans justification d'emploi, tout aussi bien que ceux qui auraient acheté des valeurs mobilières vendues avec l'autorisation du conseil de famille. L'art. 6 contient en effet une disposition générale, et prescrit l'emploi de tous les capitaux appartenant au mineur ou qui lui adviendront au cours de la tutelle. Les officiers ministériels dépositaires de fonds, les compagnies financières ou industrielles requises de régulariser les transferts ou de remettre les titres déposés dans leurs caisses et attribués au mineur par un partage ou une liquidation, auraient incontestablement exigé des justifications de toute nature, et auraient pu soulever, sous prétexte de couvrir leur responsabilité, la prétention de discuter la validité de l'emploi présenté par le tuteur, en sorte que la disposition légale prise en faveur des mineurs serait devenue pour eux une source d'embarras et de procès.

L'obligation de faire emploi, lorsque les tiers peuvent en être responsables, soulève d'ailleurs des difficultés qu'il était impossible d'imposer au tuteur. Le débiteur ne verse les fonds dont il doit être fait emploi que sur la justification même de cet emploi. De là la nécessité, si l'emploi doit être fait en

(1) Deuxième rapport de M. Denormandie au Sénat. S. V. *Lois annotées*, 1880, p. 553.

(2) Rapport de M. Jozon à la Chambre des députés. *Journal offic.*, 7 avril 1879.

achat de valeurs ou de rentes sur l'Etat, d'avancer les fonds nécessaires à cette acquisition, et qui ne peuvent être remboursés que lorsque le débiteur consent à se libérer. La situation du tuteur serait devenue très difficile, si les tiers avaient pu exiger des justifications d'emploi, puisque, n'ayant le droit de conserver aucun capital appartenant à son pupille, il eût été obligé de faire, de ses deniers personnels, les avances nécessaires à cet emploi, dont il aurait fallu justifier avant d'obtenir le remboursement des sommes dues au mineur ou à l'interdit. Le dernier paragraphe de l'art. 6 de la loi de 1880, dont la portée ne peut donner lieu à aucune contestation en présence des explications présentées devant le Sénat, doit éviter toute difficulté à cet égard.

97. Ainsi, le tuteur n'aura aucune justification d'emploi à faire vis-à-vis des tiers ou des sociétés financières ou industrielles, pour exiger le remboursement de capitaux appartenant au mineur, quelle que soit leur provenance. Les établissements financiers, débiteurs de sommes dues au mineur par suite du remboursement de titres devenus exigibles, de primes ou de lots à lui attribués par le sort, seront tenus d'en faire le paiement entre les mains du tuteur sans aucune justification d'emploi. La même règle est applicable aux agents de change, notaires, officiers ministériels ou séquestres qui seraient détenteurs de capitaux provenant, soit de la vente de valeurs mobilières, soit du dépôt fait entre leurs mains pendant la liquidation d'une succession ou pour tout autre motif. De même, les sociétés financières chargées de faire un transfert par suite de l'emploi des capitaux du mineur en achat de titres mobiliers, ne seraient pas recevables à discuter la validité ou l'utilité de cet emploi. La disposition de la loi est générale : elle a eu pour but d'éviter toute contestation à cet égard. Les tribunaux devront assurer son exécution, en repoussant les exigences qui pourraient être soulevées par un tiers et notamment par les compagnies ou par les établissements financiers.

Le tribunal de Lorient a fait une juste application de ce principe, dans une espèce où un conservateur des hypothèques refusait de radier une inscription garantissant un capital appartenant au mineur et remboursé entre les mains du tuteur. Il a déclaré que la loi du 27 février 1880 n'obligeait point les tuteurs à demander l'autorisation des conseils de famille pour toucher les capitaux dus à leurs pupilles, et que les tiers n'étant point garants de l'emploi de ces capitaux, le conservateur des hypothèques ne pouvait, en présence d'une quittance régulière donnée par le tuteur, refuser la radiation de l'inscription dont il était fait mainlevée par cette quittance (1).

Toutefois, nous rappelons, en terminant l'examen de ce paragraphe, la restriction indiquée par le rapporteur au Sénat. Si un tiers achetait du tuteur des valeurs mobilières appartenant au mineur, sans s'assurer que la cession a été autorisée par le conseil de famille, il pourrait être déclaré responsable de la perte des capitaux provenant de cette vente irrégulière, dans le cas où la nullité en serait prononcée. Dans cette hypothèse, la responsabilité ne serait pas fondée sur le défaut d'emploi de la part du tuteur, mais sur l'imprudence commise par l'acheteur qui aurait eu pour résultat la perte de titres appartenant au mineur et dont la conservation eût été assurée par l'exécution de la loi. La responsabilité aurait son principe dans les règles du droit commun, et non dans la violation de l'art. 6 de la loi de 1880, dont les tiers n'ont pas à surveiller l'exécution.

98. Les dispositions légales que nous venons de faire connaître, et qui ont pour objet de garantir la conservation de la fortune mobilière des mineurs et des interdits, ont une assez grande importance pour que le législateur ait dû chercher les moyens de contraindre le tuteur à obéir à ses prescriptions.

La commission du Sénat s'en était préoccupée, mais sans résoudre la question. Il lui avait semblé impossible de compléter la loi par une sanction contre le tuteur. Le résultat eût été de discréditer ces fonctions et d'en éloigner beaucoup de personnes. Il ne fallait pas les frapper de suspicion (2).

Il n'existait qu'un seul moyen, c'était d'utiliser le rôle du subrogé tuteur. Pouvait-on trouver, à l'aide de son concours, les garanties que l'on désirait? La proposition en avait été faite devant la commission du Sénat; mais elle avait été combattue par plusieurs raisons que le rapporteur fait connaître en ces termes : « Le tuteur est soumis à l'hypothèque légale; cette garantie souvent illusoire est insuffisante; on veut prendre des

(1) Trib. civ. de Lorient, 23 mars 1881, rapporté par le journal *la Loi* 15 octobre 1881.

(2) Séance du Sénat, 25 mai 1878. *Journal offic.*, 26 mai.

sûretés contre le tuteur, et on le ferait contrôler par le subrogé tuteur qui, au regard du tuteur, n'est qu'une sorte de suppléant et qui ne présente aucune garantie réelle et effective.— On disait encore qu'on allait peut-être mettre aux prises deux volontés contraires; que si le tuteur et le subrogé tuteur n'étaient pas d'accord, on verrait un conflit; qu'il faudrait alors recourir au conseil de famille, et que, sous prétexte de la simplifier, on aurait compliqué la situation. On a ajouté qu'agir ainsi, ce serait dénaturer le rôle de subrogé tuteur tel qu'il a été créé par le législateur, en faire une sorte de co-tuteur (1). » Ces considérations avaient déterminé la commission du Sénat à ne point admettre l'action du subrogé tuteur.

99. La commission de la Chambre des députés, frappée des inconvénients qu'il pouvait y avoir à laisser le tuteur libre de ne pas se conformer à la loi, ce qui ferait disparaître la protection que le projet de loi voulait assurer au mineur, a cherché par quels moyens les tribunaux pourraient donner une sanction à la loi, et elle a pensé que tous seraient insuffisants dans la pratique. Diverses propositions lui ont été soumises, et elle a cru que le seul qui fût acceptable, était de charger le subrogé tuteur de surveiller, sous sa responsabilité, l'observation des obligations imposées au tuteur.

« Cette sanction, disait le rapporteur, nous a paru simple et pratique. Le subrogé tuteur, qui doit être, d'après l'article 423 du Code civil, pris dans l'autre ligne que le tuteur, est presque toujours, en fait, en opposition d'intérêts et souvent de vues avec lui, ce sera donc un surveillant attentif. Dans l'état actuel de notre législation, sa surveillance, en ce qui concerne la conservation ou la régularité de l'aliénation des valeurs mobilières appartenant au mineur, serait peu efficace, puisqu'il n'a le droit de demander aucune justification. Le tuteur pourrait donc se dispenser de convertir les titres au porteur en valeurs nominatives, et même aliéner les titres au porteur, sans que le subrogé tuteur, malgré sa vigilance, en fût averti. Et en supposant que le subrogé tuteur arrivât, d'une manière ou de l'autre, à soupçonner ou à connaître certaines irrégularités reprochables au tuteur, il ne pourrait les éclaircir,

(1) Deuxième rapport de M. Denormandie au Sénat, 17 décembre 1879. *Journal offic.*, 26 janvier 1880, p. 780.

encore moins les faire cesser. Il n'aurait qu'une ressource : demander, aux termes de l'art. 444 du Code civil, la destitution du tuteur pour cause d'infidélité ou d'incapacité. Il hésitera beaucoup avant de prendre une pareille détermination, d'autant plus que la destitution ne serait prononcée que si les irrégularités étaient en fait des plus graves. On peut avancer, en résumé, que, dans l'état actuel de notre législation, la surveillance du subrogé-tuteur, quoique ce soit encore la plus sérieuse de toutes, reste absolument inefficace.

« Il n'en sera plus de même dès que le subrogé tuteur aura qualité pour contrôler, dès qu'il sera même tenu, sous sa responsabilité, de surveiller l'observation des obligations imposées au tuteur par le projet de loi. Il saura presque toujours si des valeurs au porteur ou des capitaux adviennent au mineur, et trois mois après, il demandera au tuteur de justifier de la conversion de ces valeurs ou de l'emploi de ces capitaux. Cette demande de justification n'entraînera rien de vexatoire pour le tuteur, puisqu'il sera toujours en mesure, en représentant les documents constatant que la conversion ou l'emploi ont bien eu lieu conformément à la loi et aux délibérations du conseil de famille, de s'affranchir de toute ingérence du subrogé tuteur dans sa gestion.

« Quant au subrogé tuteur, il serait inexact de prétendre que nous lui faisons jouer un rôle absolument nouveau et contraire au principe de son institution. Le subrogé tuteur n'a pas, dans notre droit, pour mission unique de représenter le mineur quand celui-ci se trouve en opposition d'intérêts avec son tuteur. Le subrogé tuteur est encore chargé, dans certains cas spéciaux et sous sa responsabilité, d'assister le tuteur, de le surveiller et de l'obliger à se conformer aux prescriptions de la loi. C'est ainsi que, d'après l'art. 1442 du Code civil, le subrogé tuteur qui n'a point obligé l'époux survivant à faire inventaire après le décès de son conjoint, est solidairement tenu avec l'époux survivant de toutes les condamnations qui peuvent être prononcées au profit des mineurs.

« Nous croyons ne rien vous proposer d'exorbitant en vous demandant d'étendre, par un nouvel article qui se placera après l'art. 6, ce devoir de surveillance et cette responsabilité aux obligations imposées au tuteur par le projet de loi.

« Les tribunaux seront là d'ailleurs pour appliquer cette responsabilité avec discernement. Lorsqu'un recours sera dirigé par le mineur contre le subrogé tuteur, ils ne condamneront ce dernier qu'autant qu'il aura une faute ou une négligence réelle à se reprocher (1). »

100. Sur ce rapport, la Chambre des députés a voté une disposition spéciale qui, acceptée plus tard par le Sénat, est devenue l'art. 7 de la loi. Cet article est ainsi conçu : « Le subrogé tuteur devra surveiller l'accomplissement des formalités prescrites par les articles précédents. Il devra, si le tuteur ne s'y conforme pas, provoquer la réunion du conseil de famille, devant lequel le tuteur sera appelé à rendre compte de ses actes. »

Nous approuvons complètement la détermination prise par la Chambre des députés, pour assurer autant que possible l'exécution de la loi. Elle n'a point modifié le rôle du subrogé tuteur, tel qu'il résulte du Code civil, et s'est bornée à étendre d'une manière spéciale ses fonctions aux nouvelles obligations imposées au tuteur. Le subrogé tuteur n'est pas seulement chargé d'agir pour les intérêts du mineur lorsqu'ils sont en opposition avec ceux du tuteur, il est également tenu de surveiller l'administration du tuteur, de prendre et requérir les mesures nécessaires pour garantir les droits du mineur. La loi lui ordonne même de provoquer, si les circonstances l'exigent, la destitution du tuteur (art. 446 et 448 C. civ.). C'est pour faciliter cette surveillance de la gestion tutélaire que le conseil de famille peut imposer au tuteur, autre que le père ou la mère, l'obligation de remettre au subrogé tuteur, soit annuellement, soit à des époques périodiques, des états de situation de la fortune du mineur (art. 470 C. civ.). C'est dans le même but que le Code de procédure prescrit la signification au subrogé tuteur des jugements rendus contre le mineur et ne fait courir les délais d'appel que du jour de cette signification (2).

Les fonctions du subrogé tuteur, ainsi déterminées par les règles du droit commun, devaient nécessairement s'étendre à la surveillance des obligations nouvelles que la loi du 27 février 1880 impose au tuteur, et il était préférable de le dire. Dans le silence de la loi, certains tuteurs auraient refusé les justifica-

(1) Rapport de M. Jozon à la Chambre des députés, 27 mars 1879. *Journal offic.*, 7 avril 1879.

(2) Aubry et Rau, t. I, § 117; Dalloz, *Rép.*, v° *Minorité*, n° 299; Laurent, *Principes du droit civil*, t. V, n°s 176 et suiv.

tions demandées par le subrogé tuteur, et c'est alors que seraient nés les conflits, les luttes que paraît avoir redoutés la commission du Sénat. L'art. 7 ne change en aucune manière le rôle du subrogé tuteur; il ne devient pas un cotuteur chargé de remplir les obligations du tuteur qui manquerait à ses devoirs. Il reste le surveillant de sa gestion, tenu de signaler au conseil de famille les contraventions aux règles de la tutelle qui seraient de natnre à nuire aux intérêts du mineur. Le tuteur est seul responsable de ses actes. Mais s'il manque aux obligations que la loi lui impose, le subrogé tuteur est tenu de provoquer la réunion du conseil de famille qui, après avoir entendu le tuteur, prendra les mesures nécessaires pour garantir les droits du mineur et assurer la conservation de sa fortune mobilière.

101. La mission que la loi donne au subrogé tuteur sera, le plus souvent, facile à remplir. Au moment de l'ouverture de la tutelle, il ne pourra pas ignorer s'il existe dans le patrimoine du mineur des créances, valeurs mobilières ou autres droits incorporels. Il a le droit de n'accepter ses fonctions qu'après qu'il lui aura été donné connaissance de la fortune du pupille. Si parmi ces biens il existe des titres au porteur, il pourra, à l'expiration du délai de trois mois fixé par la loi, exiger du tuteur la justification que ces titres ont été convertis en titres nominatifs, et, en cas de refus, provoquer la réunion du conseil de famille, de manière à assurer l'application de l'art. 5 de la loi de 1880. Il appartiendra alors à ce conseil, ou de prendre les mesures nécessaires pour assurer la conversion immédiate des titres au porteur, ou d'accorder un délai au tuteur pour cette conversion, et, dans ce cas, il décidera s'il y a lieu de prescrire le dépôt des titres à la Caisse des consignations ou entre les mains d'une société ou d'une personne déterminée. Le subrogé tuteur aura rempli sa mission et couvert sa responsabilité personnelle, en mettant le conseil de famille à même de sauvegarder les droits du mineur.

Il en sera de même à l'égard de l'emploi que doit faire le tuteur, dans le même délai, des capitaux appartenant au mineur ou à l'interdit au moment de l'ouverture de la tutelle. Le conseil de famille convoqué sur la demande du subrogé tuteur, en cas d'inexécution des obligations imposées au tuteur par l'art. 6, prendra les mesures qu'il jugera utiles dans l'intérêt du mineur.

La surveillance du subrogé tuteur sera également facile pour la conversion des titres ou l'emploi des capitaux qui adviendraient au mineur au cours de la tutelle. Dans la plupart des cas, cette augmentation de la fortune mobilière proviendra d'attributions résultant d'un legs fait au mineur, ou du partage d'une succession à laquelle il sera appelé. Le subrogé tuteur n'ignorera pas ces événements, et il pourra dès lors demander, après l'expiration de trois mois, la justification de la conversion des titres au porteur ou de l'emploi des capitaux.

102. Il peut arriver cependant que le subrogé tuteur ignore qu'un remboursement a été fait entre les mains du tuteur. Supposons que le mineur possède un certain nombre d'obligations remboursables avec primes et par séries, représentées par des titres nominatifs. Rien n'oblige le tuteur d'informer le subrogé tuteur qu'un tirage au sort a rendu ces titres exigibles, et s'il veut conserver les capitaux entre ses mains, il lui sera facile de déjouer la surveillance du subrogé tuteur. C'est là un cas exceptionnel contre lequel aucune précaution ne pouvait être prise. Mais le subrogé tuteur n'a pas à s'en préoccuper. La loi ne le déclare point responsable des négligences ni des fautes du tuteur, et sa responsabilité personnelle ne peut être engagée que dans les termes du droit commun, c'est-à-dire si, ayant connaissance que le tuteur n'a pas fait emploi des capitaux, il n'a point provoqué la réunion du conseil de famille. Dans ce cas, si les capitaux venaient à être perdus et que le tuteur soit insolvable, le mineur pourrait, au moment de sa majorité, actionner le subrogé tuteur et le faire déclarer responsable dans les termes de l'art. 1383 du Code civil, comme lui ayant causé un dommage par sa négligence et l'oubli de ses devoirs. Mais il devrait établir que le subrogé tuteur a connu le remboursement à une époque où l'intervention du conseil de famille aurait pu assurer d'une manière efficace la conservation de ses capitaux.

Les mêmes principes seraient applicables si le subrogé tuteur, sachant que le tuteur a entre les mains des titres au porteur appartenant au mineur, néglige de provoquer la réunion du conseil de famille pour en assurer la conversion dans les termes de l'art. 5 de la loi de 1880, et si cette négligence a occasionné la perte de ces titres.

103. Si la mission confiée au subrogé tuteur par l'art. 7 de

la loi du 27 février 1880 peut être facilement remplie lorsqu'il s'agit de la conversion des titres au porteur et de l'emploi des capitaux appartenant au mineur, des difficultés plus sérieuses peuvent se présenter en ce qui concerne l'accomplissement des formalités prescrites par les art. 1 et 3 de la loi. Aux termes de l'art. 1er, le tuteur ne peut aliéner aucun meuble incorporel appartenant au mineur ou à l'interdit sans l'autorisation du conseil de famille, et l'art. 3 déclare que ces aliénations doivent être faites par le ministère d'un agent de change et au cours moyen du jour, s'il s'agit de valeurs négociables à la Bourse. Le tuteur ne manquera de se soumettre à ces obligations que s'il a l'intention de s'approprier les sommes à provenir des aliénations, ou du moins de les employer temporairement à ses besoins personnels. Dans ce cas, le subrogé tuteur ignorera le plus souvent que le tuteur veut faire une cession des titres du mineur, et il ne lui sera pas possible de s'y opposer en provoquant la réunion du conseil de famille. La sanction que le législateur a espéré trouver dans la surveillance qu'il lui confie restera donc sans effet, à moins que le subrogé tuteur, apprenant qu'une vente a été faite irrégulièrement, ne puisse réunir le conseil de famille en temps utile pour exiger l'emploi du prix de la cession et en assurer ainsi la conservation.

Mais cette hypothèse ne se présentera que d'une manière exceptionnelle. Si le tuteur n'a entre les mains que des titres nominatifs immatriculés au nom du mineur, il lui sera difficile de trouver un acquéreur qui consente à les acheter sans exiger la justification de l'autorisation du conseil de famille. Cet acquéreur s'exposerait à voir la vente annulée, ce qui l'obligerait à en rembourser le prix. S'il se rencontrait cependant une personne qui, par complaisance et ayant confiance dans le tuteur, consentait à acheter des titres appartenant au mineur sans exiger l'accomplissement des formalités prescrites par l'art. 1er de la loi de 1880, il serait le plus souvent impossible de réaliser cette vente. Lorsqu'il s'agit de titres nominatifs de rentes, d'actions ou d'obligations, de parts d'intérêts, la cession n'est complète, dans la plupart des cas, que par un transfert sur les registres du Trésor ou des sociétés, et la négociation nécessite l'intervention d'un agent de change qui certifie les signatures. Aucun officier ministériel ne consentira à prêter son ministère et aucun établissement financier ne voudra opérer le transfert, sans qu'il soit justifié de l'accomplissement des formalités prescrites par les art. 1er, 2 et 3 de la loi de 1880.

Toutefois, il existe certains titres mobiliers qui, bien que nominatifs, sont transmissibles par simple endossement. Si le tuteur vendait des titres de cette nature sans demander l'autorisation du conseil de famille et à l'insu du subrogé tuteur, ce dernier ne pourrait pas en être responsable; mais s'il venait à apprendre que le tuteur a ainsi manqué aux obligations que la loi lui impose, il devrait immédiatement provoquer la réunion du conseil de famille devant lequel le tuteur serait appelé à rendre compte de ses actes. Dans ce cas, si en raison de l'importance des sommes aliénées et du défaut d'emploi, le tuteur pouvait être accusé d'infidélité, il pourrait y avoir lieu de demander sa destitution, dans les termes des art. 444 et suiv. du Code civil.

104. Lorsque le tuteur a obtenu du conseil de famille l'autorisation nécessaire pour aliéner des valeurs mobilières appartenant au mineur, si ces valeurs sont négociables à la Bourse, le subrogé tuteur doit surveiller l'accomplissement des formalités prescrites par l'art. 3 de la loi de 1880, et exiger que la vente ait lieu par le ministère d'un agent de change et au cours moyen du jour. L'art. 7 est général et s'applique à toutes les formalités prescrites par les articles précédents. Le tuteur ne pourrait dès lors pas refuser de se soumettre aux observations qui lui seraient faites par le subrogé tuteur à cet égard, et s'il ne s'y conformait pas, ce dernier devrait l'appeler à rendre compte de son refus devant le conseil de famille.

Le subrogé tuteur doit également surveiller l'accomplissement des mesures que le conseil de famille, en autorisant une aliénation, a prescrites dans l'intérêt du mineur, conformément au dernier paragraphe de l'art. 1er de la loi de 1880. Ainsi, si le conseil de famille a ordonné qu'il sera fait un emploi déterminé des capitaux provenant de l'aliénation, le subrogé tuteur devra surveiller cet emploi. Nous avons dit que les tiers ne peuvent pas être déclarés responsables de cet emploi, le législateur n'ayant point voulu que l'administration du tuteur fût gênée ou restreinte par les contestations qui auraient pu être soulevées sur ce point. Mais l'art. 7 ne fait aucune distinction à l'égard du subrogé tuteur, et son application est surtout nécessaire dans ce cas. Si le conseil de famille n'a pas assez de confiance dans le tuteur pour lui laisser le choix de l'emploi qu'il doit faire des fonds provenant de l'aliénation, s'il a prescrit des mesures spéciales dans l'intérêt du mineur, la surveillance que la loi a imposée comme sanction des obligations du tuteur doit s'exercer d'une manière efficace, et le subrogé tuteur manquerait à son devoir et pourrait engager sa responsabilité personnelle, s'il négligeait de provoquer la réunion du conseil de famille dans le cas où le tuteur refuserait d'exécuter les mesures prescrites par ce conseil.

Il en serait de même dans le cas où le tuteur aurait obtenu du conseil de famille l'autorisation de ne point faire, dans le délai de trois mois, la conversion des titres au porteur ou l'emploi des capitaux appartenant au mineur. Si le conseil de famille, en accordant au tuteur l'autorisation de conserver les titres au porteur ou les capitaux du pupille, en a ordonné le dépôt à la Caisse des consignations ou entre les mains d'une personne ou d'une société déterminée, le subrogé tuteur devra surveiller l'accomplissement de ce dépôt, et, à son défaut, provoquer la réunion du conseil de famille dans les termes de l'art. 7 de la loi de 1880.

105. Les obligations imposées par cet article au subrogé tuteur se bornent à une simple surveillance. Il ne pourrait pas être déclaré responsable ni garant de la validité de l'emploi des capitaux fait par le tuteur. Il doit s'assurer que l'emploi a lieu dans les termes et délais prescrits par l'art. 6 ou, en cas de prorogation, dans ceux fixés par la délibération du conseil de famille. Mais il ne doit point s'immiscer dans la gestion du tuteur. Le rapporteur de la commission du Sénat a souvent exprimé la volonté de ne point restreindre d'une manière excessive les fonctions du tuteur. L'emploi qu'il doit faire est réalisé sous sa responsabilité personnelle. Les tiers ne peuvent en être garants dans aucun cas. L'art. 7, introduit par la Chambre des députés dans le projet de loi, vient immédiatement après le paragraphe de l'art. 6, qui a posé le principe absolu de la non-garantie des tiers. Il n'y est fait aucune exception pour le subrogé tuteur, et il suffit de lire le rapport de la commission que nous avons copié textuellement (1), pour

(1) *Suprà*, n° 95.

se convaincre que la surveillance confiée au subrogé tuteur n'a trait qu'à l'observation des obligations imposées au tuteur par la nouvelle loi, et non à la validité des actes dont l'accomplissement lui est confié. Ce serait changer le rôle du subrogé tuteur et créer des difficultés nuisibles aux intérêts du mineur, que de lui permettre de contester l'emploi que veut faire le tuteur. Il ne peut intervenir à cet égard que lorsqu'un emploi spécial a été déterminé par le conseil de famille, et seulement pour assurer l'exécution de cette mesure.

Les mêmes motifs s'opposent à ce que le subrogé tuteur intervienne dans les liquidations et partages qui intéressent le mineur, à l'effet d'exiger que certaines mesures soient prises pour assurer l'exécution des obligations imposées au tuteur. Il est également non recevable à intervenir dans le même but devant les tribunaux saisis d'une demande en homologation de ces liquidations. Son rôle se borne, en cas d'inexécution de ces obligations, à convoquer le conseil de famille du mineur devant lequel le tuteur sera appelé à rendre compte de ses actes (1). En agissant ainsi, il ne peut encourir aucune responsabilité personnelle. Le subrogé tuteur doit attendre, pour s'adresser au conseil de famille, l'expiration des délais déterminés par la loi pour la conversion des titres au porteur en titres nominatifs, ou pour l'emploi des capitaux du mineur, puisque ce n'est qu'à ce moment qu'une faute ou une négligence peut être reprochée au tuteur.

106. Les dispositions de l'art. 7 sont applicables même à la tutelle des père et mère. Lorsque le législateur a voulu faire une distinction à cet égard, il l'a exprimé d'une manière précise, par exemple dans les art. 454 et 470 du Code civil. Dans les cas prévus par la loi du 27 février 1880, il a refusé d'admettre aucune exception en faveur du père tuteur légal de ses enfants mineurs. Nous avons dit plus haut qu'un amendement avait été présenté pour exempter les père et mère des obligations imposées par la loi (2). Cet amendement a été rejeté. Il n'existait dès lors aucun motif de ne point les soumettre à la surveillance du subrogé tuteur admise comme sanction de ces

(1) Trib. Seine, 2e ch., 2 avril 1881. *La Loi*, 31 octobre et 1er novembre 1881.

(2) V. *suprà*, n°s 26 et suiv.

obligations. Le silence de l'art. 7 à leur égard suffit pour repousser toute distinction.

107. Remarquons, en terminant l'examen de l'art. 7, que cet article ne donne pas au subrogé tuteur la simple faculté de provoquer la réunion du conseil de famille, lorsque le tuteur ne se conforme pas à ses obligations. Elle lui en impose le devoir, et il manquerait à sa mission en consentant à fermer les yeux sur les contraventions du tuteur. Mais sa responsabilité est couverte, lorsqu'il a déféré le tuteur au conseil de famille, qui seul a le droit de juger ses actes. Il est important de faire connaître au subrogé tuteur l'obligation de surveillance spéciale que la loi nouvelle lui impose. Les juges de paix devront, au moment de sa nomination, lui rappeler les dispositions de l'art. 7 de la loi du 27 février 1880 et les devoirs qu'i aura à remplir. Sinon, la sanction que le législateur a espéré trouver dans cet article pourrait rester sans effet, les subrogés tuteurs étant en général disposés à considérer leur rôle comme ne devant s'exercer qu'en cas d'opposition d'intérêts entre le tuteur et le mineur, et s'abstenant volontiers de s'occuper de la gestion tutélaire. Il importe qu'ils soient prévenus que leur responsabilité pourrait se trouver engagée, si leur négligence à exiger l'observation par le tuteur des prescriptions de la loi avait pour conséquence la perte d'une partie de la fortune mobilière du mineur.

Nous avons examiné, dans les chapitres qui précèdent, les nouvelles obligations imposées aux tuteurs des mineurs ou des interdits, pour assurer la conservation de la fortune mobilière de ces incapables. Elles se résument en trois objets distincts : 1° défense d'aliéner les valeurs mobilières et autres meubles incorporels appartenant aux mineurs ou interdits sans autorisation du conseil de famille; 2° obligation de convertir en titres nominatifs tous les titres au porteur qui leur appartiennent; 3° obligation de faire, dans le délai de trois mois, l'emploi de tous les capitaux composant la fortune des mineurs ou interdits ou qui leur adviendraient dans la suite. Nous avons fait connaître l'obligation de surveillance imposée au subrogé tuteur dans le but d'assurer de la part du tuteur l'exécution de ces dispositions légales. Il nous reste à rechercher à quelles personnes s'appliquent les prescriptions de la loi nouvelle.

CHAPITRE IV

DES DIVERSES APPLICATIONS DE LA LOI

108. Dispositions de l'art. 4 concernant les mineurs émancipés.
109. Règles du droit commun.
110. L'aliénation autorisée par le conseil de famille ne peut pas être faite par le mineur sans l'assistance de son curateur.
111. La délibération du conseil de famille doit être homologuée dans le cas prévu par l'art. 2.
112. L'art. 4 n'est pas applicable aux mineurs émancipés par leurs parents, au cours du mariage.
113. Suite.
114. Critique de cette disposition de la loi.
115. L'art. 4 n'est pas non plus applicable aux mineurs émancipés par le mariage.
116. Rejet d'une proposition tendant à étendre cette exception au mineur autorisé à faire le commerce.
117. Justification de l'exception faite en faveur du mineur émancipé par le mariage.
118. Résumé des dispositions de l'art. 4.
119. Situation juridique des mineurs émancipés qui sont dispensés des prescriptions de cet article.
120. Suite.
121. Les mineurs émancipés ne sont pas tenus de convertir leurs titres au porteur en titres nominatifs.
122. Mais ils ne peuvent pas convertir les titres nominatifs en titres au porteur, sans autorisation du conseil de famille.
123. L'ordonnance du 29 avril 1831 et le décret du 18 juin 1864 concernant la conversion des rentes sur l'Etat restent en vigueur.
124. Silence de la loi sur l'emploi des capitaux appartenant à des mineurs émancipés.
125. Son application aux mineurs placés sous la tutelle des hospices.
126. Le conseil de famille est remplacé dans ce cas par la commission administrative.
127. Situation des aliénés non interdits placés dans des établissements hospitaliers.
128. La loi nouvelle leur est applicable.
129. Même lorsque le tribunal leur a nommé un administrateur provisoire.

130. Les autorisations nécessaires sont données par leur conseil de famille.
131. La surveillance du subrogé tuteur n'existe pas dans ces cas.
132. Suite.
133. Application de la loi aux tutelles ouvertes avant sa promulgation.
134. Difficultés soulevées à cet égard.
135. Amendement présenté par M. Griffe.
136. Disposition rendant la loi applicable à certaines colonies.
137. Elle est étendue aux autres colonies par le décret du 8 avril 1880.
138. Abrogation de la loi du 24 mars 1806 et de toutes dispositions contraires à la loi nouvelle. Renvoi.
139. Devoirs des juges de paix et des officiers ministériels.
140. Résumé.

108. Nous avons dit que la loi du 27 février 1880 était applicable à toutes les tutelles. Si le père, administrateur légal des biens de ses enfants mineurs, est dispensé de se soumettre aux obligations qu'elle impose, c'est parce qu'il n'est point tuteur, et que ses enfants ne sont point en tutelle (1). Il semble donc que la loi aurait pu garder le silence sur l'étendue de ses prescriptions, et ne point énoncer les cas où elle doit être appliquée. Telle avait été la pensée des rédacteurs du projet de loi présenté par le gouvernement, qui s'étaient bornés à indiquer par un mot que les mineurs émancipés étaient assujettis à ses dispositions. L'art. 1er du projet de loi était ainsi conçu : « Les tuteurs des mineurs ou interdits *et les mineurs émancipés* ne pourront vendre sans une autorisation... »

La commission du Sénat, qui a complété sur plusieurs points ce projet de loi, a pensé qu'il était préférable de préciser la volonté du législateur. Le premier rapport de M. Denormandie au Sénat s'en explique en ces termes : « Le projet s'applique aux mineurs émancipés. Nous sommes tout à fait d'accord sur

(1) Un projet de loi a été présenté à la Chambre des députés par M. Cazot, ministre de la justice, le 26 novembre 1881, dans le but de déterminer les pouvoirs du père administrateur des biens de ses enfants mineurs. Ce projet est ainsi conçu : « Le père administrateur ne peut faire aucun acte excédant l'administration des biens de ses enfants mineurs, sans recourir à une autorisation de justice donnée par le tribunal en chambre du conseil. — Sont considérés comme excédant l'administration, et soumis par suite à l'autorisation précédente, tous les actes d'aliénation, de conversion et d'emploi des valeurs mobilières, prévus par les art. 1, 3, 4, 5, 6 et 10 de la loi du 27 février 1880. La conversion et l'emploi seront accomplis dans le délai de trois mois à partir du jour où les biens seront advenus au mineur. »

ce point avec le gouvernement. Seulement, il nous a semblé préférable de faire pour les mineurs émancipés une disposition spéciale. Ce changement de forme est sans importance réelle. Sur le fond de la question, il ne pouvait pas y avoir de doute; le mineur émancipé n'a pas d'autre pouvoir que celui de gérer et administrer, et on ne pouvait songer à lui donner la faculté d'aliéner, quand même il eût pu obtenir pour cela le concours de son curateur. Les règles qui ont été ci-dessus posées s'appliqueront donc à lui (1). »

Par suite de ces considérations, la commission proposa et obtint le vote au Sénat, en première délibération, d'un article ainsi rédigé : « Le mineur émancipé, même assisté de son curateur, devra observer, pour l'aliénation de ses meubles incorporels, les formes ci-dessus prescrites à l'égard du mineur non émancipé. »

109. Cette disposition est conforme aux principes du droit commun. Aux termes des art. 481 et suiv. du Code civil, le mineur émancipé ne peut faire que des actes de pure administration. Toutefois, il lui est permis de recevoir un capital mobilier et d'en donner décharge avec l'assistance de son curateur, et si l'art. 484 lui défend de vendre ou d'aliéner ses immeubles sans observer les formes prescrites au mineur non émancipé, la loi était muette à l'égard de la cession du mobilier, et les auteurs en avaient conclu que le mineur émancipé pouvait vendre ses meubles corporels, sans autorisation du conseil de famille, sans distinction entre ceux qui sont sujets à un prompt dépérissement et ceux qui ne sont pas dans ce cas (2). Mais la doctrine admettait en général qu'il ne pouvait céder ses meubles incorporels sans cette autorisation, qu'avec l'assistance de son curateur, et cette solution était basée sur le texte de l'art. 482, qui impose cette assistance pour recevoir un capital mobilier et charge le curateur de la surveillance de l'emploi de ce capital (3).

Cette règle était appliquée aux créances échues ou non échues, aux rentes sur particuliers, aux actions et aux obli-

(1) Premier rapport de M. Denormandie au Sénat. *Journal offic.*, 7 mai 1878.

(2) Aubry et Rau, t. I, § 132, p. 548, note 3 ; Zachariæ, § 131, note 2; Demolombe, t. VIII, n° 278. *Contrà*, Troplong, *Vente*, t. I, n° 167.

(3) Cass., 13 janvier 1840, S. V. 40, 1, 449 ; Aubry et Rau, t. I, § 133; Demolombe, t. VIII, n° 310 ; Laurent, *Princ. de droit civil*, t. V, n° 218.

gations dans les sociétés industrielles ou financières, et généralement à tous les droits incorporels appartenant au mineur. Toutefois, le Trésor n'avait point admis cette doctrine pour la cession des rentes sur l'Etat. L'ordonnance du 24 mars 1806, concernant le transfert des inscriptions de rentes appartenant aux mineurs, permettait par son art. 2, aux mineurs émancipés, de transférer, avec la seule assistance de leur curateur, les inscriptions de rentes de 50 francs et au-dessous. Le Trésor en avait conclu que celles supérieures à ces chiffres ne pouvaient pas être vendues ni transférées sans une autorisation du conseil de famille (1). La même règle était suivie pour la cession des actions de la Banque, par application du décret du 25 septembre 1813, qui en permettait la vente sans autorisation du conseil de famille, au mineur qui n'était propriétaire que d'une seule action ou de plusieurs coupons d'actions ne représentant pas dans leur ensemble plus d'une action entière.

Il était indispensable de régulariser la situation des mineurs émancipés, et de réglementer leurs droits. Le développement de la fortune mobilière déterminait le législateur à accorder de nouvelles garanties aux mineurs et aux interdits, pour assurer la conservation de leurs meubles incorporels, et il était reconnu qu'ils ne pouvaient être protégés efficacement qu'au moyen de restrictions apportées aux pouvoirs du tuteur pour la cession de leurs valeurs mobilières. Les mêmes mesures protectrices devaient être accordées au mineur émancipé, dont la capacité, avec l'assistance de son curateur, est en général la même que celle accordée au tuteur sur les biens de son pupille. L'assimilation du mineur émancipé, assisté de son curateur, au tuteur agissant dans l'intérêt du mineur ou de l'interdit, était donc une conséquence logique des principes du droit commun, et la disposition proposée à cet égard par la commission du Sénat ne pouvait donner lieu à aucune contestation.

110. La rédaction de cette disposition qui, après avoir reçu certaines modifications dont nous ferons connaître la portée, est devenue l'art. 4 de la loi du 27 février 1880, soulève une première question. Le mineur émancipé doit-il être assisté de son curateur pour demander au conseil de famille l'au-

(1) Inst. min. fin., 1er mai 1819, art. 10.

torisation d'aliéner ses valeurs mobilières ou autres droits incorporels, et pour réaliser ces aliénations? L'art. 4 dit que, même assisté de son curateur, il ne peut vendre sans autorisation du conseil de famille. A-t-il besoin de cette assistance lorsqu'il a été régulièrement autorisé?

Pour résoudre cette question, il faut se reporter aux règles du droit civil, auxquelles la loi de 1880 n'a point entendu déroger d'une manière implicite. Cette loi n'a pas pour objet d'étendre les droits du mineur émancipé, ni la faculté qu'il avait d'après le droit commun de procéder à certaines aliénations. Son but est plutôt restrictif, dans l'intérêt du mineur émancipé et pour assurer la conservation de sa fortune mobilière. Si aucune disposition du Code civil ne défendait au mineur émancipé d'aliéner son mobilier sans l'assistance de son curateur, nous avons dit que la doctrine était unanime à reconnaître que cette faculté ne pouvait pas s'étendre aux meubles incorporels. Le résultat de la cession d'une créance, d'un titre d'action ou d'obligation, d'un droit incorporel de quelque nature que ce soit, est de remplacer ce titre de créance par un capital mobilier. Or, l'art. 482 du Code civil déclarant que le mineur émancipé ne peut recevoir aucun capital mobilier sans l'assistance de son curateur, on doit en conclure que la même assistance est nécessaire pour l'aliénation des droits incorporels qui lui appartiennent.

S'il en est ainsi, ce principe doit recevoir son application lorsqu'il s'agit d'une aliénation faite avec l'autorisation du conseil de famille dans les termes de l'art. 4 de la loi du 27 février 1880, et il n'était point nécessaire de formuler dans la rédaction de cet article une disposition spéciale à cet égard. Il suffisait de déclarer que les formes prescrites pour l'aliénation des meubles incorporels du mineur non émancipé, seraient applicables au mineur émancipé, ce qui veut dire que le mineur émancipé ne pourra pas y procéder sans l'autorisation du conseil de famille. Quant à la réalisation de la vente, les règles du droit commun suffisent pour rendre nécessaire l'assistance du curateur, qui seule attribue au mineur émancipé le droit d'en toucher le prix et d'en donner décharge, le curateur devant en surveiller l'emploi dans les termes de l'art. 482 du Code civil.

Il ne faut pas en conclure que le mineur émancipé est obligé de s'adresser à son curateur pour solliciter la réunion du conseil de famille et pour demander l'autorisation d'aliéner. Ces préliminaires de la vente sont des procédures qui rentrent dans les actes de pure administration que le mineur émancipé peut faire seul, sans l'assistance de son curateur. Mais le conseil de famille, qui a le droit, aux termes de l'article 1er de la loi de 1880, de prescrire les mesures qu'il juge utiles à la conservation de la fortune mobilière du mineur, devra toujours subordonner l'autorisation d'aliéner, à la condition de l'intervention du curateur au moment de la réalisation de la vente. Il évitera ainsi toute contestation sur la question que nous venons d'examiner, et assurera la conservation des capitaux à provenir de l'aliénation dont il pourra, en outre, ordonner un emploi déterminé, s'il le croit nécessaire aux intérêts du mineur.

111. L'art. 4 de la loi contenant un renvoi à toutes « les formes prescrites pour le mineur non émancipé, » la délibération du conseil de famille qui autorise l'aliénation de droits incorporels appartenant au mineur émancipé, doit être soumise à l'homologation du tribunal, si la valeur des meubles incorporels à aliéner dépasse, d'après l'appréciation du conseil de famille, la somme de 1,500 francs en capital. L'aliénation sera opérée par le ministère d'un agent de change et au cours moyen du jour, toutes les fois que les valeurs seront négociables à la Bourse. Nous n'avons pas à revenir sur ces dispositions que nous avons étudiées complètement dans un chapitre précédent (1). Ajoutons seulement que l'agent de change chargé de la négociation pourrait refuser son ministère au mineur émancipé qui voudrait réaliser l'aliénation sans l'assistance de son curateur. A défaut d'un texte précis de la loi sur ce point, son refus serait suffisamment motivé par les principes du droit commun que nous avons rappelés, et il engagerait sa responsabilité en réalisant la négociation, même régulièrement autorisée, des valeurs appartenant au mineur émancipé, et en lui versant le prix, sans exiger l'assistance du curateur.

112. La disposition de l'art. 4, votée en première délibération par le Sénat, était générale et devait s'appliquer à tous les

(1) Voir *suprà*, ch. I, nos 37 et suiv. et no 52.

mineurs émancipés. Mais sa rédaction a donné lieu à diverses observations de la part du ministre des finances, qui, préoccupé, au point de vue des transferts des titres de rentes, des difficultés qui pourraient s'élever vis-à-vis du Trésor, a voulu que des règles précises puissent prévenir toute contestation sur ce point. Il avait été déclaré, au cours de la discussion de l'article 1er, que la loi ne serait pas applicable au père administrateur légal des biens de ses enfants mineurs, parce qu'il n'y avait point dans ce cas de tutelle proprement dite, et que l'affection des parents suffisait pour garantir aux enfants la conservation de leur fortune (1). Cette exception devait-elle s'étendre au mineur émancipé par ses père et mère pendant le mariage ? La raison était la même; mais il importait de ne laisser aucun doute à cet égard. Au cours de la seconde délibération devant le Sénat, le rapporteur, M. Denormandie, répondant aux préoccupations du ministre des finances, s'est expliqué nettement sur ce point, et il suffit de citer textuellement ses paroles, pour repousser toutes les difficultés qui pourraient être soulevées :

« M. le ministre nous a demandé, a-t-il dit, si la disposition de l'art. 4 s'appliquait à tous les mineurs émancipés, même au mineur émancipé par ses parents pendant le mariage; nous avons répondu : Non. La préoccupation à laquelle nous avons ainsi répondu est née certainement d'un malentendu; on dit et on répète que la loi est faite pour les mineurs : soit; seulement, elle n'est pas faite pour toutes les catégories de mineurs, notamment pour ceux qui ont encore leurs père et mère. Il serait plus exact de dire que c'est une loi faite contre les tuteurs, en sorte qu'elle n'est applicable que contre les tuteurs, donc là où il y a tutelle (2). »

A la suite de ces observations, M. le rapporteur proposa une nouvelle rédaction de l'art. 4, modificative de celle précédemment votée et conçue en ces termes : « Le mineur émancipé *au cours de la tutelle*, même assisté de son curateur, devra observer, pour l'aliénation de ses meubles incorporels, les formes ci-dessus prescrites à l'égard du mineur non émancipé. » Cette nouvelle rédaction, admise par le Sénat, et adoptée sans obser-

(1) Voir *suprà*, n° 33.
(2) Séance du Sénat, 25 mai 1878. *Journal offic.*, 26 mai.

vations par la Chambre des députés, est devenue le premier paragraphe de l'art. 4 de la loi.

113. Ainsi, les dispositions comprises dans cet article ne sont applicables qu'aux mineurs émancipés au cours de la tutelle; ceux qui ont été émancipés par leurs parents au cours du mariage ne sont pas tenus de s'y soumettre. Les agents de change ou autres officiers ministériels chargés de négocier des valeurs mobilières ou de vendre des droits incorporels appartenant à des mineurs émancipés pendant le mariage, doivent faire ces opérations sans aucune justification de l'autorisation du conseil de famille. Les compagnies ou établissements financiers ou industriels, requis de régulariser ces négociations au moyen de transferts, ne peuvent refuser de les opérer, ni exiger l'accomplissement des formalités prescrites par la loi de 1880. C'est ainsi que la loi a été interprétée par M. le ministre des finances dans les instructions qu'il a transmises aux agents du Trésor pour le transfert des inscriptions de rentes sur l'Etat. La circulaire adressée pour l'exécution de la loi aux trésoriers-payeurs généraux s'exprime en ces termes: « L'art. 4 déclare les dispositions précédentes applicables aux mineurs émancipés, lorsque l'émancipation a lieu au cours de la tutelle; mais les mêmes formalités ne doivent plus être exigées quand le mineur a été émancipé pendant le mariage de ses père et mère. Ce point a été nettement expliqué dans la discussion, en réponse à une question qu'avait posée par écrit M. le ministre des finances (1). » Toutefois, l'assistance du curateur du mineur émancipé est toujours nécessaire pour toucher le prix de la négociation, l'art. 482 du Code civil ne faisant aucune distinction entre les diverses natures de mineurs émancipés, et exigeant dans tous les cas cette assistance pour permettre au mineur de recevoir un capital mobilier et d'en donner décharge.

114. La modification introduite dans la loi au cours de la seconde délibération devant le Sénat peut avoir des conséquences dont la commission n'a sans doute pas compris la portée. Elle est contraire aux règles du Code civil, qui ne font aucune distinction entre les mineurs émancipés, si ce n'est pour permettre aux père et mère d'émanciper leurs enfants dès

(1) Circulaire du directeur de la dette inscrite concernant les rentes sur l'Etat, 10 mars 1880. Bioche, *Journal proc.*, 1880, n° 11436.

qu'ils ont atteint l'âge de quinze ans, tandis que ceux qui sont restés sans père ni mère ne peuvent l'être qu'à l'âge de dix-huit ans accomplis. Mais les conséquences de l'émancipation sont les mêmes pour les deux catégories de mineurs. Il a paru tout naturel aux rédacteurs de l'art. 4 de déclarer que la loi ne serait pas applicable au mineur émancipé par ses parents, parce qu'il trouve une suffisante garantie de ses intérêts dans la surveillance affectueuse de ses père et mère, dans le respect et la déférence qu'il doit avoir pour leurs conseils. Mais ce mineur peut perdre ses parents après son émancipation et avant l'époque de sa majorité. Ce fait ne donne pas ouverture à la tutelle, et le mineur appelé à recueillir la succession de son père peut se trouver en possession d'une fortune mobilière importante, dont il pourra disposer sans aucune autorisation du conseil de famille.

Il n'est pas exact de dire que la loi a été faite uniquement en défiance des tuteurs ; s'il en était ainsi, l'art. 4 serait sans objet, puisqu'il n'est applicable qu'aux mineurs émancipés, et que le résultat de l'émancipation est de mettre fin à la tutelle et d'obliger le tuteur à rendre ses comptes. Le véritable but de la loi est d'entourer les mineurs de mesures protectrices qui assurent la conservation de leur fortune mobilière. Il est regrettable que la modification apportée à la rédaction de l'art. 4 prive de cette protection ceux auxquels elle est le plus nécessaire. Les mineurs émancipés au cours de la tutelle recevront de leurs tuteurs des valeurs représentées par des titres nominatifs, et pour la conservation desquelles des mesures auront été prises en exécution des prescriptions de la loi. Le mineur émancipé pendant le mariage pourra se trouver tout à coup en possession d'une fortune mobilière considérable que le père, surpris par la mort, n'a point pensé à garantir contre la dissipation de ses enfants, et qu'il leur sera facile d'aliéner. La nécessité de l'assistance du curateur, prescrite par les art. 482 et suivants du Code civil, a paru insuffisante pour protéger le mineur émancipé contre les entraînements de la jeunesse. La restriction introduite dans la loi accorde aux mineurs émancipés pendant le mariage de ses père et mère une faveur dont les conséquences peuvent être fâcheuses, et qui n'est motivée par aucune considération sérieuse. Mais le texte de la loi est formel, et il en résulte que c'est seulement de l'époque à laquelle le mineur a été émancipé qu'il faut tenir compte pour savoir si la loi lui est applicable. Le mineur émancipé pendant le mariage de ses père et mère, et devenu orphelin, ne sera pas, en raison de ce fait postérieur à l'émancipation, tenu d'observer les formalités prescrites par la loi de 1880 (1).

115. Le second paragraphe de l'art. 4 contient une autre exception inscrite formellement dans la loi, au profit du mineur émancipé par le mariage, et dont l'utilité est moins contestable. Elle y a été également introduite au cours de la seconde délibération du Sénat, sur les observations de M. le ministre des finances. Le rapporteur de la commission, en proposant l'addition de ce paragraphe, s'exprimait en ces termes : « M. le ministre des finances nous a fait une troisième question. Il nous a demandé comment nous entendions la loi au sujet des mineurs émancipés par leur propre mariage. Nous avons pensé à cet égard que nous pouvions donner exceptionnellement, à cette catégorie de mineurs, les capacités nécessaires pour faire des actes d'aliénation. Mais ceci dit, bien entendu, sous réserve de la législation relative aux femmes, et sous réserve aussi des stipulations des contrats de mariage (2). »

En conséquence, la commission proposa une rédaction nouvelle de l'art. 4, comprenant ce paragraphe : « Cette disposition ne s'applique pas aux mineurs émancipés par le mariage, » et l'article fut voté avec cette addition dans la seconde délibération devant le Sénat. A la Chambre des députés, l'opportunité de cette exception n'a pas été contestée, mais la commission a pensé qu'il pouvait être utile d'assimiler au mineur émancipé par le mariage celui qui est autorisé à faire le commerce. Elle proposa, en conséquence, de rédiger ainsi le second paragraphe de l'art. 4 : « Cette disposition ne s'applique pas au mineur émancipé par le mariage, ni au mineur autorisé à faire le commerce. L'un ou l'autre pourra aliéner ses meubles incorporels avec la seule assistance de son curateur. »

116 Cette proposition donna lieu à une discussion assez vive.

(1) Circul. min. de la justice aux procureurs généraux, 20 mai 1880, S. V. *Lois annotées*, 1880, p. 553.
(2) Séance du Sénat, 25 mai 1878. *Journal offic.*, 26 mai.

En voulant se montrer favorable au mineur autorisé à faire le commerce, on pouvait lui créer des difficultés pratiques qui entraveraient ses opérations. Un député, M. Durand, combattit l'obligation qu'on voulait imposer au mineur commerçant de se faire assister de son curateur; une pareille obligation est incompatible avec la célérité des opérations commerciales, et il n'existe aucune raison de déroger au principe posé par l'article 487 du Code civil, qui déclare que le mineur émancipé qui fait le commerce est réputé majeur pour les faits relatifs à son commerce.

L'article fut renvoyé à la commission qui examina les critiques formulées devant la Chambre, et proposa de voter l'article tel qu'il avait été adopté par le Sénat, sans faire aucune mention du mineur commerçant. Le rapporteur, M. Jozon, a fait connaître en ces termes le résultat de l'examen de la commission : « L'art. 4 du projet de loi adopté par le Sénat dispense des formalités imposées aux mineurs émancipés pour l'aliénation de leurs valeurs mobilières les mineurs émancipés par le mariage. La commission avait cru devoir, non sans quelque hésitation, y joindre les mineurs autorisés à faire le commerce. M. Durand a fait valoir les difficultés pratiques qui résulteraient de cette assimilation. La commission, après nouvel examen, a pensé qu'en effet, il y avait quelques inconvénients à soumettre à certaines formalités gênantes les actes du mineur commerçant, et qu'il convenait de faire disparaître de l'art. 4 tout ce qui concerne les mineurs autorisés à faire le commerce. Votre commission vous propose donc d'en revenir purement et simplement à l'article tel qu'il a été adopté par le Sénat (1). »

L'article fut voté sans nouveaux débats. Il ne consacre qu'une seule exception à l'obligation imposée aux mineurs émancipés au cours de la tutelle, d'obtenir l'autorisation du conseil de famille pour aliéner leurs valeurs mobilières ou leurs droits incorporels, celle primitivement admise par le Sénat en faveur des mineurs émancipés par le mariage.

117. L'utilité de cette exception n'a pas besoin d'être justifiée. D'après les règles du Code civil, le mineur est émancipé de plein droit par le mariage, et si c'est la femme qui est mi-

(1) Séance de la Chambre des députés, 12 juin 1879. *Journal offic.* du 13 juin.

neure, son mari est de droit son curateur (1). Les cas les plus fréquents d'émancipation par le mariage sont ceux où une jeune fille mineure épouse un mari majeur. Celui-ci est mis en possession de la fortune mobilière de sa femme et il est chargé de l'administrer. Etait-il possible d'admettre que le mari qui, sous le régime de la communauté, a le droit d'aliéner les biens de sa femme, serait obligé de demander l'autorisation du conseil de famille pour vendre ses meubles incorporels? Si les parents de la femme veulent assurer la conservation des valeurs mobilières données en dot, ou qui surviendraient à la nouvelle épouse depuis le mariage, ils peuvent, au moyen des stipulations de son contrat de mariage, l'entourer de mesures protectrices qui seront toujours respectées, sans qu'il y ait lieu de soumettre le mari à la nécessité de réunir le conseil de famille de sa femme pour l'aliénation de ses droits incorporels.

L'exception admise par l'art. 4 contient à cet égard une innovation en ce qui touche la vente des rentes sur l'Etat pour laquelle le Trésor exigeait, outre l'assistance du mari curateur, l'autorisation du conseil de famille de la femme, lorsque les inscriptions étaient supérieures à 50 francs. Le ministre des finances n'a pas contesté l'opportunité de cette règle générale, et les instructions données aux trésoriers-payeurs généraux déclarent, qu'à l'avenir le service des transferts ne doit plus demander de délibération du conseil de famille pour la femme mineure agissant avec le concours de son mari (2).

118. En résumé, il résulte de la rédaction définitive de l'art. 4 de la loi du 27 février 1880, que la loi n'est pas applicable aux mineurs émancipés par leurs parents au cours du mariage et qui par conséquent n'ont jamais été en tutelle, ni à ceux qui sont émancipés par le mariage. Remarquons toutefois qu'il ne faut pas étendre la première de ces exceptions au cas où l'émancipation est faite par le père ou par la mère tuteur légal de son enfant mineur. Dans cette hypothèse, il y a tutelle ouverte par le décès du conjoint, et il a été déclaré expressément, dans le cours de la discussion, que le père tuteur légal était soumis aux mêmes obligations que celles imposées

(1) Demolombe, t. VIII, n° 233; Aubry et Rau, t. I, § 132; Valette sur Proudhon, t. II, p. 441; Dalloz, *Répert.*, v° *Minorité*, n° 792; Laurent, *Princ. de dr. civ.*, t. V, n° 209; Cass., 4 février 1868, D. P. 68, 1, 395.

(2) Circulaire du directeur de la Dette inscrite, 10 mars 1880, *loc. cit.*

au tuteur datif (1). Les raisons qui ont décidé le législateur à faire une exception en faveur du mineur émancipé pendant le mariage, sont celles qui l'avaient déterminé à déclarer que le père administrateur légal des biens de ses enfants ne serait pas soumis aux formalités exigées par la loi. La coexistence des deux époux, leurs efforts communs pour surveiller les intérêts des mineurs, ont paru offrir des garanties suffisantes pour assurer la conservation de leur fortune mobilière. Ces motifs n'existant plus après la dissolution du mariage par la mort du père ou de la mère, il n'y a aucune raison pour exempter le mineur émancipé par le survivant des obligations imposées par l'art. 4 pour l'aliénation des valeurs mobilières ou des meubles incorporels qui lui appartiennent. Le principe juridique qui déclare que les exceptions admises par la loi ne peuvent jamais être étendues par analogie à des cas qu'elle n'a pas prévus, suffirait d'ailleurs pour dissiper toute incertitude à cet égard.

119. On s'est demandé quelle était la situation du mineur émancipé par ses parents au cours de leur union, ou de celui émancipé par le mariage, et quelles obligations lui étaient imposées pour l'aliénation de ses valeurs mobilières. Les règles du Code civil lui seront, a-t-on dit, tout au plus applicables, puisque la loi du 27 février 1880 déclare abrogées toutes les dispositions qui lui sont contraires (2). Cette objection n'est pas sérieuse. Aucun des articles de la loi nouvelle n'étant applicable à ces mineurs émancipés, leurs obligations continuent à être réglées par le droit commun, dont certaines dispositions ont pu être abrogées implicitement au regard des mineurs émancipés au cours de la tutelle, mais conservent leur vigueur à l'égard de ceux qui sont exceptés de l'application de la loi. La situation de ces mineurs est modifiée en un seul point. La loi du 24 mars 1806 concernant l'aliénation des inscriptions de rentes sur l'Etat inférieures à 50 francs et le décret du 25 septembre 1813 relatif à la vente d'une action de la Banque ou de portions ne dépassant pas la valeur d'une action, sont abrogés par la loi de 1880. Leurs dispositions ne pourront donc plus être invoquées par les mineurs émancipés auxquels l'art. 4 n'est pas applicable. Pour le surplus, ces mineurs agiront comme si la loi nouvelle n'existait pas. Doit-on en conclure

(1) Voir *suprà*, nos 26 et suiv.
(2) Michol, *Comment. de la loi du 27 février* 1880.

qu'ils ont le droit d'aliéner leurs valeurs mobilières ou droits incorporels sans aucune autorisation du conseil de famille, avec l'assistance de leur curateur? La nécessité de cette assistance ne résulte même d'aucun texte formel; mais nous avons dit que la doctrine et la jurisprudence étaient aujourd'hui d'accord pour reconnaître que le mineur ne pouvait faire aucune cession de ses créances ou meubles incorporels sans l'assistance de son curateur (2).

120. Il eût été utile de résoudre cette question par une disposition de la loi qui aurait tranché toute contestation pour l'avenir. Le rapporteur de la commission du Sénat, M. Denormandie, a reconnu lui-même, dans son second rapport, ce qu'il y avait de regrettable dans l'incertitude qui continuait à subsister sur la situation juridique des mineurs émancipés, auxquels la loi n'est pas applicable, et il l'explique en ces termes : « Cet état un peu anormal n'a pas été prémédité; il ne peut résulter que d'une rédaction insuffisante, et pour peu que l'on étudie la discussion du projet de loi, on arrive facilement à être convaincu.

« En effet, lorsque la commission de la Chambre des députés lui a présenté le projet de loi dans la séance du 7 juin 1879, le § 2 de l'art. 4 était ainsi conçu : « Cette disposition ne s'applique pas au mineur émancipé par le mariage ni au mineur autorisé à faire le commerce. L'un ou l'autre pourra aliéner ses meubles incorporels avec la seule assistance de son curateur. » Sur les observations présentées par M. Durand, et concernant uniquement le mineur autorisé à faire le commerce, l'art. 4 a été renvoyé à la commission, qui, faisant droit aux idées développées par cet honorable député, a fait complètement disparaître ce mineur de l'art. 4. Mais en y conservant le mineur émancipé par le mariage, la commission de la Chambre des députés a cru inutile de maintenir qu'il pouvait aliéner ses meubles incorporels avec la seule autorisation de son curateur. L'addition dans le § 1er du mot *même* devant ceux *assisté de son curateur* indique bien qu'on considère l'aliénation par le mineur émancipé avec la seule assistance du curateur comme étant aujourd'hui de droit commun. Il ne paraît pas douteux qu'on reconnaît au mineur émancipé par le mariage le droit

(2) Voir *suprà*, n° 109.

d'aliéner avec la seule assistance de son curateur ; mais cette affirmation aurait pu être, sinon absolument nécessaire, au moins très utile. Aussi il nous a paru bon de donner la présente explication (1). »

Le silence de la loi sur ce point est d'autant plus regrettable, que la question n'est pas seulement de savoir si le mineur émancipé par le mariage et ceux qui lui sont assimilés peuvent aliéner leurs meubles incorporels avec la seule assistance de leur curateur, mais si le concours de ce curateur est nécessaire. Les discussions soulevées par tous les auteurs sur ce point, bien qu'aujourd'hui résolues d'une manière unanime dans le sens de l'affirmative, imposaient au législateur le devoir de trancher la question par un texte formel. A son défaut, le droit commun est seul applicable aux mineurs émancipés non soumis aux dispositions de l'art. 4 ; mais nous pensons que les règles du droit civil, sainement interprétées, leur imposent l'obligation de se faire assister par leur curateur pour toute aliénation de leurs meubles incorporels.

Nous avons déjà dit que, dans la pratique, on exigeait en outre une autorisation du conseil de famille. Avant la loi de 1880, les instructions du Trésor étaient formelles à cet égard, lorsqu'il s'agissait d'une inscription de rentes sur l'Etat supérieure à 50 francs ; la même règle était appliquée par la Banque de France et par les Compagnies industrielles et financières (2). Les principes du droit commun restant applicables aux mineurs émancipés qui ne sont pas soumis aux règles prescrites par l'art. 4 de la loi du 27 fév. 1880, les Compagnies se croient encore fondées à exiger la justification d'une autorisation du conseil de famille, qu'elles considéraient comme nécessaire avant la promulgation de la loi. A notre avis, cette exigence n'est fondée sur aucune disposition légale ; mais nous reconnaissons que la question présente quelques incertitudes résultant de la rédaction même de l'art. 4. Elle a été tranchée dans un sens contraire à notre opinion par un jugement du tribunal de Lille, du 6 août 1881 (3). Il est désirable qu'elle

(1) Deuxième rapport de M. Denormandie au Sénat, 17 décembre 1879. *Journal offic.*, 26 janvier 1880.

(2) *Suprà*, n° 109. V. aussi Buchère, *Tr. des opérat. de Bourse*, n° 289.

(3) Trib. Lille, 6 août 1881. Bioche, *Corresp. des justices de paix*, 1881, n° 6156, p. 477.

soit soumise à la Cour suprême, et qu'un arrêt définitif vienne mettre fin à ces difficultés.

121. Il existe dans la loi du 27 février 1880 une lacune plus importante. L'art. 4 ne parle que de l'aliénation des meubles incorporels, et impose aux mineurs émancipés au cours de la tutelle l'observation des formes prescrites par les articles précédents. Il sera facile d'assurer l'exécution de cette disposition, lorsque les titres de valeurs mobilières que le mineur émancipé voudra aliéner seront nominatifs. Les agents de change ne consentiront à les négocier, et les établissements financiers n'en opéreront le transfert que s'il est justifié de l'autorisation du conseil de famille. Mais si ce mineur a entre les mains des titres au porteur, il sera impossible de l'empêcher de les transmettre de la main à la main et par simple tradition. L'art. 5 a prévu cette hypothèse lorsqu'il s'agit du tuteur, et il a sauvegardé les intérêts du mineur en ordonnant que tous les titres au porteur lui appartenant seraient convertis en titres nominatifs dans un délai de trois mois. Il eût été utile de rendre cet article applicable aux mineurs émancipés, qui, en raison de leur âge, peuvent subir des entraînements dangereux au point de vue de la conservation de leur fortune mobilière.

La loi est muette à cet égard. Cette lacune, si elle est volontaire de la part du législateur, doit être attribuée sans doute à cette pensée que, la loi n'étant applicable qu'aux mineurs émancipés au cours de la tutelle, la possession de titres au porteur sera un fait exceptionnel, puisque le tuteur, étant tenu de convertir ces titres en titres nominatifs, ne remettra au mineur, au moment de son émancipation, que des valeurs représentées par des titres de cette nature. Mais, depuis l'émancipation, le mineur peut être appelé à recueillir une succession ou un legs, par suite desquels il lui sera fait attribution de titres au porteur. La loi ne l'obligeant pas à les convertir en titres nominatifs, il en conservera l'entière disposition, et pourra les aliéner à son gré sans aucune autorisation du conseil de famille, et même sans l'assistance de son curateur, malgré les dispositions de l'art. 4 de la loi de 1880. L'aliénation sera, il est vrai, irrégulière, et pourra être frappée de nullité, la loi n'ayant fait aucune distinction entre la nature des titres; mais cette considération elle-même peut aggraver la situation du mineur émancipé. Il ne s'adressera pas, pour la négociation de valeurs au porteur, à un agent de change qui exigerait la justification d'une autorisation du conseil de famille ; il portera ses titres à un de ces agents financiers peu scrupuleux qui en font un commerce journalier, et souvent il sera obligé de les céder au-dessous du cours, sous prétexte de couvrir les risques que peut faire courir un achat fait irrégulièrement et contrairement aux prescriptions de la loi. Les règles du droit commun sont impuissantes à empêcher le mineur émancipé de céder de la main à la main et sans négociation les titres au porteur qui lui appartiennent, et il est à regretter que la loi de 1880 n'ait pas déclaré applicables à ces incapables les dispositions de l'art. 5. Les officiers ministériels chargés de la liquidation d'une succession ou de l'exécution d'un testament attribuant au mineur émancipé des valeurs représentées par des titres au porteur auraient trouvé, dans une disposition de cette nature, le droit d'opérer la conversion des titres avant de les remettre entre les mains du mineur.

122. Bien que la loi soit également muette sur le droit que peut réclamer le mineur de convertir ses titres nominatifs en titres au porteur, nous n'hésitons pas à penser que, dans ce cas, il y aurait lieu de faire application des dispositions de l'art. 10, qui soumet cette conversion aux mêmes conditions et formalités que l'aliénation. Nous avons dit que cet article était général, en ajoutant, il est vrai, qu'il ne pouvait pas être étendu à des incapables autres que ceux pour lesquels la loi a été faite (1). Mais les mineurs émancipés sont compris parmi ceux que cette loi a eu pour objet d'atteindre et de protéger. Elle a tracé dans l'art. 4 des règles spéciales pour l'aliénation des meubles incorporels qui leur appartiennent. La conversion des titres nominatifs en titres au porteur étant assimilée à une aliénation, cet article leur devient applicable. Nous pensons en conséquence que les compagnies doivent refuser d'opérer la conversion de titres nominatifs en titres au porteur demandée par un mineur émancipé, même avec l'assistance de son curateur, jusqu'à ce qu'il soit justifié d'une autorisation du conseil de famille, qui devrait être homologuée conformément à l'art. 2, si la valeur des titres dont la

(1) *Supra*, n° 76.

conversion est requise dépassait, d'après l'appréciation du conseil de famille, la somme de 1,500 fr.

Toutefois, cette solution ne doit être appliquée qu'aux mineurs émancipés au cours de la tutelle. Ceux qui ont été émancipés par le mariage, ou par leurs père et mère avant l'ouverture de la tutelle, sont exemptés des obligations imposées par l'art. 4. L'aliénation de leurs meubles incorporels demeure régie par le droit commun, et peut avoir lieu sans autorisation du conseil de famille, avec la seule assistance de leur curateur. Il en est de même de la conversion dans les cas prévus par l'art. 10, puisque cet article se borne à soumettre cette conversion aux mêmes formes que l'aliénation. Les établissements financiers ne pourraient pas exiger d'eux d'autres formalités que l'assistance de leur curateur (1).

123. On peut se demander, en ce qui les concerne, si l'art. 7 de l'ordonnance du 29 avril 1831, qui déclare que la conversion de rentes nominatives en rentes au porteur ne sera pas admise par le Trésor pour les inscriptions appartenant aux mineurs, doit être considéré comme étant encore en vigueur. L'affirmative ne nous paraît pas douteuse; cette disposition n'est pas abrogée expressément par la loi du 27 février 1880, et elle n'est pas contraire aux dispositions de cette loi. Elle est, il est vrai, devenue sans utilité sérieuse pour les mineurs qui sont régis par la loi; mais cette considération ne suffit pas pour entraîner son abrogation implicite, et, en tout cas, elle resterait en vigueur à l'égard des mineurs émancipés par le mariage et autres auxquels la loi de 1880 n'est pas applicable. Il en est de même du décret du 18 juin 1864 concernant les titres mixtes de rentes sur l'Etat, aux termes duquel ces titres ne peuvent être délivrés qu'à ceux qui ont la pleine et entière disposition de leurs inscriptions. Ces prescriptions restent en vigueur, la loi n'ayant fait que généraliser, en ce qui concerne la conversion des autres valeurs mobilières, la théorie déjà mise en pratique pour les rentes sur l'Etat (2).

124. La loi du 27 février 1880 ne parle pas de l'emploi des capitaux appartenant aux mineurs émancipés, et n'a pas étendu à

(1) Circulaire min. de la justice, 26 mai 1880. S. V. *Lois annotées*, 1880, p. 553.

(2) Circulaire du directeur de la dette inscrite, 10 mars 1880. Bioche, *Journal de proc.*, art. 11436.

ces incapables les prescriptions de son art. 6. Il n'était pas nécessaire d'apporter sur ce point une modification aux règles du droit commun. Le Code civil, qui n'a imposé aucune obligation au tuteur pour l'emploi des capitaux appartenant au mineur, est plus explicite à l'égard du mineur émancipé. L'art. 482, qui déclare que ce mineur ne peut pas recevoir un capital mobilier, ni en donner décharge sans l'assistance de son curateur, ajoute que ce curateur surveillera l'emploi du capital reçu. L'exécution de cet article n'a jamais soulevé de difficultés sérieuses, et il était sans intérêt d'en changer les dispositions. C'est donc avec raison que la loi de 1880 est restée muette sur ce point, et l'emploi des capitaux mobiliers appartenant aux mineurs émancipés continue à être réglé par l'art. 482 du Code civil.

125. Les dispositions de la loi du 27 février 1880, concernant d'une manière générale toutes les tutelles, devaient être applicables aux mineurs placés sous la tutelle de l'administration de l'Assistance publique ou des administrations hospitalières. Les rédacteurs de la loi ont pensé que, pour éviter toute contestation sur ce point, il était utile d'introduire dans la loi une disposition spéciale. La commission du Sénat a proposé d'ajouter au projet de loi un article qui, voté sans discussion par les deux Chambres, est devenu l'art. 8 de la loi, et qui est ainsi conçu :

« Les dispositions de la présente loi sont applicables aux valeurs mobilières appartenant aux mineurs et aliénés placés sous la tutelle, soit de l'administration de l'Assistance publique, soit des administrations hospitalières. — Le conseil de surveillance de l'administration de l'Assistance publique et les commissions administratives rempliront, à cet effet, les fonctions attribuées au conseil de famille. — Les dispositions de la présente loi sont également applicables aux administrateurs provisoires des biens des aliénés, nommés en exécution de la loi du 30 juin 1838. »

Cet article est complexe, et il importe de bien préciser les personnes qui y sont comprises, et d'examiner si la loi apporte quelques modifications à leur situation juridique. Parmi les incapables placés sous une tutelle administrative, se trouvent en premier lieu les enfants trouvés ou abandonnés. La position de ces enfants n'était point déterminée d'une manière régulière par l'ancienne législation. Un décret du 10 décembre 1790 ordonna que leur nourriture et leur entretien seraient à la charge de l'Etat, et la loi du 27 frimaire an V, en confirmant ce décret, les plaça, jusqu'à leur majorité ou leur émancipation, sous la tutelle du président de l'administration municipale de l'arrondissement. La loi du 15 pluviôse an XIII déclara que les enfants admis dans les hospices, à quelque titre que ce soit, seraient sous la tutelle des commissions administratives de ces maisons, lesquelles désigneraient un de leurs membres pour exercer, le cas advenant, les fonctions de tuteur. Cette disposition fut consacrée et réglée par le décret du 19 janvier 1811. A Paris, la tutelle des enfants trouvés, abandonnés et orphelins est confiée par la loi du 19 janvier 1849 au directeur de l'Assistance publique.

Aucune disposition légale n'a réglé les droits ou obligations résultant de cette tutelle administrative qui est assimilée, sauf l'hypothèque légale et la responsabilité, aux tutelles de droit commun. Il ne pouvait dès lors s'élever aucune difficulté sur l'application de la loi du 27 février 1880. En conséquence, les valeurs mobilières ou meubles incorporels appartenant aux enfants trouvés ou abandonnés ne peuvent pas être vendus sans autorisation du conseil de famille ; les titres au porteur qui seraient en leur possession au moment de l'ouverture de la tutelle, ou qui leur adviendraient à quelque titre que ce soit, doivent être convertis en titres nominatifs dans le délai de trois mois, et il est fait emploi dans le même délai des capitaux qui deviennent disponibles, en se conformant aux règles spéciales qui déterminent le mode de placement des capitaux qui appartiennent à ces enfants. Les mineurs de cette catégorie qui obtiendront leur émancipation seront assujettis aux mêmes obligations.

126. Un seul point devait être réglé d'une manière spéciale. Les enfants trouvés ou abandonnés n'ont point de famille, et aucune loi ne prévoyait la nécessité d'une convocation d'un conseil de famille. La loi du 15 pluviôse an XIII, en plaçant les enfants admis dans les hospices sous la tutelle des commissions administratives, déclare qu'un des membres exercera les fonctions de tuteur, et que les autres formeront le conseil de tutelle. Etait-il possible d'admettre que ce conseil serait appelé à donner l'autorisation d'aliéner prescrite par l'art. 1er de la loi du 27 février 1880, et aurait tous les pouvoirs conférés par cette loi aux conseils de famille des mineurs et interdits? Il était indispensable de régler cette situation par une disposi-

9

tion expresse, afin d'éviter les difficultés qui auraient pu s'élever sur la régularité des ventes de valeurs mobilières appartenant à ces enfants, et la loi ne pouvait pas placer le directeur de l'Assistance publique, ou le membre de l'hospice chargé de la tutelle des enfants abandonnés, sous le contrôle de conseils de famille qu'il eût fallu composer d'étrangers, à défaut de parents ou alliés. L'art. 8 déclare que les fonctions attribuées au conseil de famille seront remplies, à Paris, par le conseil de surveillance de l'Assistance publique, et dans les hospices par les commissions administratives.

Au cours de la discussion devant le Sénat, on a fait observer que les conseils administratifs des maisons hospitalières ne se composaient, aux termes de la loi du 16 vendémiaire an V, que de cinq personnes, parmi lesquelles était choisi le président, tandis que l'art. 407 du Code civil déclare que le conseil de famille sera composé de six parents ou alliés, non compris le juge de paix. N'était-il pas nécessaire que les conseils des hospices soient composés à l'avenir de six membres au moins, afin d'être en rapport avec le nombre de personnes exigé pour la validité d'un conseil de famille? Le rapporteur a répondu négativement. Il était impossible d'introduire dans une loi spéciale concernant l'aliénation des meubles incorporels appartenant aux mineurs une disposition modifiant l'organisation des commissions administratives des hospices. « Peu importent d'ailleurs, a-t-il dit, les lois qui ont organisé ou qui organiseront l'administration des maisons hospitalières; ce que nous avons voulu, c'est donner aux conseils des attributions égales à celles qui régissent les conseils de famille (1). »

127. La loi du 27 février 1880 a, dans toutes ses dispositions, assimilé la tutelle des interdits à celle des mineurs. Elle devait donc s'occuper aussi des aliénés, et il pouvait être nécessaire de préciser son application à leur égard. Les interdits, en effet, sont seuls en tutelle, et un grand nombre d'aliénés, incapables d'administrer leurs biens, ne sont cependant point frappés d'interdiction. La loi ne pouvait pas s'occuper des aliénés restés dans leur famille qui conservent leur capacité légale; mais elle devait protéger ceux qui sont placés dans les maisons hospitalières, qui, sans être légalement incapables, sont cependant privés de l'administration de leurs biens.

(1) Séance du Sénat, 25 mai 1878. *Journal offic.*, 26 mai.

La loi du 30 juin 1838, qui a organisé les établissements consacrés aux aliénés, permet d'y placer des personnes non interdites, mais elle n'autorise leur entrée que sur la présentation d'un certificat de médecin constatant leur état mental et la nécessité de les y tenir enfermées. Les rédacteurs de cette loi ont compris qu'il était nécessaire de pourvoir, à défaut de tutelle, à l'administration des biens des personnes internées dans ces établissements, et l'art. 31 a confié cette fonction aux commissions administratives et de surveillance des hospices ou établissements publics d'aliénés, qui désignent un de leurs membres pour la remplir. A Paris, la loi spéciale du 19 janvier 1849 délègue cette mission au directeur de l'Assistance publique. L'art. 31 de la loi de 1838 permet à l'administrateur désigné de procéder au recouvrement des sommes dues à la personne placée dans l'établissement et à l'acquittement de ses dettes, et déclare qu'il pourra même, en vertu d'une autorisation spéciale accordée par le président du tribunal civil, faire vendre le mobilier. Les sommes provenant de cette vente ou des recouvrements sont versées dans la caisse de l'établissement et employées, s'il y a lieu, au profit de la personne qui y est placée (1).

128. La loi du 27 février 1880 n'eût pas été applicable de plein droit à ces aliénés non interdits, puisqu'ils ne sont pas en tutelle, et que la loi de 1838 ne s'est occupée que de l'administration de leur fortune. Les rédacteurs de la loi ont pensé qu'il fallait étendre à cette catégorie de personnes souvent sans fortune, et placées par l'autorité administrative dans les établissements publics d'aliénés, les mesures protectrices qu'elle prescrivait pour assurer la conservation de la fortune mobilière des mineurs et des interdits. L'art. 8 les assimile aux mineurs admis dans les hospices et placés sous la tutelle des commissions administratives ou du directeur de l'Assistance publique. Dès lors, il ne pourra être procédé à aucune aliénation de valeurs mobilières ou de meubles incorporels leur appartenant, sans une autorisation du conseil de surveillance de l'Assistance publique ou des commissions administratives, qui rempliront à cet effet les fonctions attribuées au conseil de famille. Si les valeurs qui doivent être aliénées dé-

(1) Loi 30 juin 1838, art. 31.

passent, d'après l'appréciation du conseil, la somme de 1.500 francs, la déclaration devra être soumise à l'homologation du tribunal civil. La vente des valeurs négociables à la Bourse sera faite par le ministère d'un agent de change et au cours moyen du jour. Si l'aliéné, au moment de son entrée dans l'établissement, possède des valeurs au porteur, ou s'il lui en advient de quelque manière que ce soit pendant son séjour dans la maison, l'administrateur provisoire sera tenu de les convertir en titres nominatifs, à moins qu'il n'en soit décidé autrement par le conseil, conformément à l'art. 5 de la loi de 1880. Enfin il devra être fait emploi, dans le délai de trois mois, des capitaux lui appartenant ou qui lui adviendront par succession ou autrement.

Il est à remarquer que, par suite de l'assimilation faite par l'art. 8 entre ces aliénés et les enfants placés dans les hospices, la loi confie aux commissions de surveillance les fonctions ordinairement attribuées au conseil de famille, bien que, dans la plupart des cas, ces aliénés aient une famille dont il serait facile de réunir les membres, conformément aux règles du droit commun. Les rédacteurs de la loi ont sans doute voulu éviter ainsi de soumettre les administrateurs pris parmi les membres d'une commission administrative au contrôle ou au caprice d'un conseil de famille. Quels que soient d'ailleurs les motifs qui ont dicté cette disposition légale, le texte de l'article est trop précis pour permettre aucune contestation sur ce point.

129. La loi du 30 juin 1838 n'impose pas d'une manière absolue, aux personnes placées dans les établissements publics d'aliénés, l'obligation de confier l'administration de leurs biens aux commissions hospitalières. Elle autorise les parents de l'aliéné à demander au tribunal la nomination d'un administrateur provisoire aux biens de la personne non interdite. Mais cette nomination n'a lieu qu'après une délibération du conseil de famille, qui est appelé à donner son avis sur l'utilité de cette mesure (1). Dès que cette nomination a eu lieu, l'administration de l'Assistance publique ou de l'hospice est dessaisie de la gestion des biens de l'aliéné, qui est confiée à l'administrateur provisoire désigné par le tribunal civil.

Cette modification dans la situation de l'aliéné, au point de

(1) Loi 30 juin 1838, art. 32.

vue de l'administration de ses biens, ne doit point le priver des mesures protectrices que la loi juge utile de lui accorder, et qui deviennent d'autant plus nécessaires, que la gestion de sa fortune n'est plus assurée par la garantie morale que présentent en général les membres des commissions administratives. Aussi, l'art. 8 de la loi de 1880 déclare dans son dernier paragraphe que les dispositions de la loi sont applicables aux administrateurs provisoires des biens des aliénés, nommés en exécution de l'art. 32 de la loi de 1838. Cette déclaration formelle était nécessaire; l'administrateur provisoire n'est pas un tuteur; il n'y a pas de tutelle, puisqu'il n'y a pas d'interdiction, et il eût échappé aux obligations imposées par les art. 1er, 5 et 6 de la loi de 1880, si l'art. 8 ne l'y avait pas assujetti d'une manière expresse.

130. La rédaction de ce paragraphe contient toutefois une distinction entre ce cas et ceux prévus par les paragraphes précédents. Il n'y avait aucun motif d'attribuer aux conseils de surveillance de l'Assistance publique ou aux commissions administratives les fonctions du conseil de famille, puisque ce conseil consulté sur la nomination de l'administrateur provisoire existe d'une manière certaine, et que son contrôle peut s'exercer sur cet administrateur aussi bien que sur un tuteur ordinaire. Aussi le paragraphe de l'art. 8 qui déclare les dispositions de la loi applicables à l'administrateur provisoire d'un aliéné, a été inscrit après celui attribuant aux commissions administratives les fonctions des conseils de famille, et ne contient aucun renvoi ni référence à ce qui a été dit précédemment dans cet article. En conséquence, l'administrateur provisoire de l'aliéné, nommé en exécution de l'art. 32 de la loi de 1838, devra consulter le conseil de famille de cet aliéné pour obtenir les autorisations nécessaires à la vente des valeurs mobilières ou meubles incorporels qui lui appartiennent, ou pour demander une prorogation de délais, ou une dispense de conversion ou d'emploi dans les cas prévus par les art. 5 et 6 de la loi du 27 février 1880.

Les biens de l'aliéné placé dans un établissement privé ne peuvent être gérés que par un administrateur provisoire nommé par le tribunal civil, sur la demande d'un de ses parents ou du procureur de la République, conformément à l'art. 32 de la loi de 1838. Ces établissements n'étant point dirigés par des commissions administratives, l'art. 31 ne leur est pas applicable; mais l'administrateur provisoire nommé à l'aliéné placé dans un établissement privé est soumis aux mêmes obligations légales que celui qui est donné à l'aliéné placé sous la surveillance de l'Assistance publique ou des administrations hospitalières. La loi du 27 février 1880 lui est donc applicable, et il ne pourra céder aucune valeur mobilière ou aucun meuble incorporel appartenant à l'aliéné, sans avoir obtenu l'autorisation du conseil de famille, dont la délibération devra être homologuée si le capital qu'elle représente s'élève, d'après l'appréciation du conseil, à un chiffre supérieur à 1,500 francs. Il sera également soumis aux autres obligations imposées au tuteur, concernant la conversion des titres au porteur et l'emploi des capitaux appartenant à l'aliéné.

131. Dans les cas prévus par l'art. 8, c'est-à-dire lorsqu'il s'agit de mineurs ou d'aliénés placés sous la tutelle de l'Assistance publique ou des administrations hospitalières, ou d'aliénés placés dans un hospice ou dans un établissement privé, dont les biens sont gérés par un administrateur provisoire nommé en exécution de l'art. 32 de la loi de 1838, les dispositions de la loi de 1880 sont dépourvues de la sanction légale qui en garantit l'exécution, en cas de tutelle ordinaire des mineurs ou des interdits. L'organisation de la tutelle spéciale des enfants abandonnés ou orphelins placés dans les hospices ne comporte pas la nomination d'un subrogé tuteur, et aucun fonctionnaire n'est chargé de la surveillance confiée par le Code civil au subrogé tuteur. S'il s'agit d'aliénés non interdits, il n'y a pas de tutelle, et dès lors pas de subrogé tuteur. L'art. 7 de la loi de 1880 ne pourra donc recevoir aucune application. Mais il faut reconnaître que, dans les cas spéciaux prévus par l'art. 8, aucune sanction n'est nécessaire pour assurer l'observation de la loi. Lorsqu'il s'agit de la tutelle des enfants recueillis par l'Assistance publique ou par les hospices, ou de l'administration des biens des aliénés placés dans des maisons hospitalières, il existe à cet égard deux garanties, l'une résultant de la situation des administrateurs qui ne sont revêtus de ces fonctions qu'en raison de leur honorabilité ou de la confiance qu'ils inspirent, l'autre du contrôle que peuvent exercer les commissions administratives ou de surveillance de ces établissements, chargées expressément de

la gestion des biens des enfants abandonnés ou des aliénés.

Ces garanties n'existent plus, il est vrai, lorsque le tribunal nomme un administrateur provisoire aux biens d'un aliéné placé dans un établissement privé, ou même dans un établissement public, puisqu'à partir de ce moment les commissions administratives n'ont plus à s'occuper de la gestion de la fortune de ceux qui sont dans leur établissement. Mais, si l'administrateur provisoire ne remplissait point les devoirs que lui impose la loi, ou si sa gestion attestait son incapacité ou son infidélité, il pourrait être destitué sur la demande des parents de l'aliéné, par application de l'art. 34 de la loi du 30 juin 1838 et de l'art. 444 du Code civil. De plus, la loi de 1838 permet à ces parents et au procureur de la République, de demander au tribunal la nomination d'un curateur à la personne de l'aliéné non interdit, et ce curateur, bien que chargé spécialement de veiller à l'emploi des revenus de cet aliéné, peut exercer un certain contrôle sur les actes de l'administrateur provisoire.

132. D'ailleurs, lorsqu'il s'agit de l'exécution de la loi du 27 février 1880, et notamment de l'aliénation des valeurs mobilières appartenant à l'aliéné non interdit, et représentées par des titres nominatifs, l'administrateur provisoire ne peut pas se soustraire à l'obligation qui lui est imposée de demander l'autorisation du conseil de famille ou des commissions administratives qui le remplacent. Les agents de change chargés de la négociation, les compagnies ou établissements financiers appelés à régulariser les transferts, ne peuvent pas ignorer les fonctions en vertu desquelles ils agissent et qui seules leur permettent de céder des titres immatriculés au nom de l'aliéné. Dès lors, l'administrateur provisoire devra justifier, non seulement du jugement qui lui confère ce titre, mais de l'autorisation du conseil de famille qui est exigée par la loi. Il en est de même lorsqu'il s'agit de l'aliénation de créances ou d'autres meubles incorporels appartenant à l'aliéné. La seule hypothèse où l'administrateur provisoire pourrait abuser de ses fonctions au détriment de l'aliéné, est le cas de vente de valeurs représentées par des titres au porteur. S'il ne s'est pas soumis à l'obligation qui lui est imposée par l'art. 5 de la loi de 1880, de convertir ces titres dans un délai de trois mois en titres nominatifs, il pourra les céder de la main à la main comme s'il en était propriétaire, sans que les tiers puissent savoir qu'ils appar-

tiennent à un aliéné. Il était difficile de soumettre l'administrateur provisoire à une surveillance spéciale, sans modifier la situation qui résulte pour lui des termes de la loi de 1838, et une loi spéciale à l'aliénation des meubles incorporels ne pouvait contenir une mesure de cette nature. Mais le conseil de famille appelé à donner son avis sur la nomination d'un administrateur provisoire aux biens de l'aliéné peut se renseigner sur la situation de fortune de cet aliéné, et, s'il possède des titres au porteur, en réclamer la conversion immédiate, ou signaler ce fait par sa délibération, afin que le tribunal puisse prendre à cet égard telles mesures qu'il jugera nécessaires.

Aux termes de l'art. 37 de la loi du 30 juin 1838, les pouvoirs conférés aux administrateurs provisoires cessent de plein droit, dès que la personne placée dans un établissement d'aliénés n'y est plus retenue. A partir de ce moment, la loi du 27 février 1880 n'est plus applicable, et cette personne, reprenant le libre exercice de ses droits, peut aliéner ses valeurs mobilières et meubles incorporels sans aucune autorisation, et même demander la conversion de ses titres nominatifs en titres au porteur, sans que les compagnies ou établissements financiers puissent s'y opposer, sous le prétexte qu'elle a été privée pendant quelque temps de sa capacité légale. Mais cette conversion serait refusée, en vertu de l'art. 10 de la loi de 1880, si elle était demandée par l'administrateur provisoire d'un aliéné, à moins qu'il ne soit justifié d'une autorisation du conseil de famille.

133. L'art. 9 de la loi du 27 février 1880 contient une disposition transitoire, mais dont les effets se prolongeront pendant un certain nombre d'années et qu'il était dès lors utile d'inscrire dans la loi, pour éviter toute discussion sur sa portée et sur ses conséquences. Il n'était point possible de restreindre son application à l'avenir et de ne point l'étendre aux tutelles en cours au moment de sa promulgation, et aux mineurs émancipés avant cette époque. Des mineurs en bas âge, dont la tutelle s'est ouverte quelques mois avant le jour de cette promulgation, auraient été privés des garanties légales résultant des obligations que le législateur a jugé utile d'imposer aux tuteurs, pour assurer la conservation de la fortune mobilière de ces incapables. Soumettre ces tutelles à l'application de la loi, ce n'est point lui donner un effet rétroactif, puisque l'exécu-

tion de ses prescriptions n'est imposée que du jour où elle a été promulguée et pour les aliénations qui seront faites à partir de cette époque. Il était cependant prudent de ne laisser aucune incertitude à cet égard. Dans ce but, la commission du Sénat a proposé d'introduire dans le projet de loi un article qui est devenu l'art. 9 et qui est ainsi conçu :

« Les tuteurs entrés en fonctions et les mineurs émancipés antérieurement à la présente loi seront tenus de s'y conformer. Les délais courront pour eux à partir de la promulgation. »

La présentation de cet article a soulevé quelques objections au sein de la commission. Le rapporteur, M. Denormandie, s'en est expliqué en ces termes : « Quelques personnes ont paru redouter que cette application de la loi aux tutelles en cours ne vînt jeter un trouble dans les affaires de famille liquidées et organisées sous l'empire de la législation actuelle. On a demandé, par exemple, si un père de famille veuf avec des enfants mineurs allait être obligé de modifier sa situation et la composition de sa fortune, de créer distinctement la part de ses enfants, de la réaliser, et d'en faire un emploi spécial et personnel. C'est là une erreur absolue. Le conseil de famille est juge ; il a toute liberté pour l'appréciation des emplois, et assurément il pensera bien souvent, et le tribunal en cas de difficultés pensera aussi, que l'emploi fait par le père de famille sur lui-même, et sous la forme d'une maison, ou d'un commerce, ou d'une industrie, peut être un très bon emploi (1). »

134. Cette considération ne répond pas complètement à la crainte manifestée au sein de la commission du Sénat, et elle soumet le père tuteur légal de ses enfants mineurs aux caprices du conseil de famille. C'est un des inconvénients qui résultent de l'obligation imposée aux tuteurs de faire emploi, dans les trois mois de l'ouverture de la tutelle, de tous les capitaux appartenant au mineur. Si la loi impose cette obligation au père devenu tuteur depuis la promulgation de la loi, malgré les embarras qu'elle peut avoir pour lui, pourquoi en excepterait-on les tuteurs entrés en fonctions avant cette époque ?

M. Denormandie, rapporteur, dans une autre séance du Sénat, à l'occasion d'un amendement présenté par M. Griffe sur l'art. 6, s'était déjà exprimé dans le même sens : « M. Griffe

(1) Premier rapport de M. Denormandie au Sénat, 2 avril 1878. *Journal off.* du 7 mai.

avait la crainte, disait-il, que la loi n'eût une portée plus grande que celle que nous lui attribuons, qu'à l'aide de ses dispositions on ne revînt sur le passé et sur des faits acquis, tandis que la pensée de la loi est d'obliger le tuteur à employer les capitaux, c'est-à-dire les sommes libres et mobilières qui appartiennent à l'incapable ou qui lui adviennent ultérieurement. La loi ainsi comprise n'a rien qui doive inquiéter. Si, contre notre prévision, dans certains cas il s'élevait une difficulté, le conseil de famille, en raison de la nature et de l'importance des fonctions que la loi lui donne, ne serait pas embarrassé pour la résoudre (1). »

Nous avons cité ces paroles du rapporteur, parce qu'elles répondent à la seule préoccupation que peut soulever la disposition de l'art. 9, qui soumet aux prescriptions de la loi les tuteurs entrés en fonctions antérieurement à sa promulgation. Personne n'a contesté l'utilité de la défense qui leur est faite d'aliéner les valeurs mobilières appartenant au mineur, sans une autorisation du conseil de famille, ni de l'obligation qui leur est imposée de convertir en titres nominatifs les valeurs qui seraient représentées par des titres au porteur, dans le délai de trois mois fixé par l'art. 5, mais seulement à partir du jour de la promulgation de la loi. L'obligation de faire emploi des capitaux qui adviendront au mineur est également acceptée. On s'inquiétait uniquement du trouble que pouvait apporter l'exécution de cette disposition, si le tuteur en fonctions était tenu de modifier l'emploi des capitaux qu'il avait reçus et placés, sous le régime du droit commun. Il résulte des déclarations faites au cours de la discussion que les obligations imposées par la loi de 1880, notamment celle de faire emploi des capitaux du mineur, n'étant applicables au tuteur en fonctions qu'à partir du jour où la loi est devenue exécutoire, elles doivent se restreindre aux sommes qui étaient libres à cette époque, ou qui adviendront par la suite à l'incapable. Les placements antérieurs ne peuvent pas être contestés, et dès lors, si le père de famille avait fait emploi des capitaux du pupille dans son commerce ou dans son industrie, sans y être autorisé par le conseil de famille, cet emploi doit être respecté.

135. La préoccupation de quelques membres du Sénat sur ce

(1) Séance du Sénat, 5 février 1880. *Journal offic.* du 6 février.

point s'est manifestée par un amendement présenté également par M. Griffe, lors de la discussion de l'art. 9, et qui était ainsi conçu : «Néanmoins, en cas de tutelle des père et mère, les capitaux touchés par le tuteur au moment de la promulgation de la présente loi ne seront pas soumis à l'emploi. Au cas de tutelle autre que celle des père et mère, le conseil de famille pourra dispenser le tuteur de faire emploi des capitaux déjà touchés; le tuteur devra compte des intérêts. »

Le but de cet amendement est facile à comprendre ; il avait pour objet de permettre au père tuteur de conserver les sommes qu'il avait entre les mains, et de les employer à ses affaires personnelles s'il le jugeait convenable. Cette exception faite en faveur des tuteurs déjà en fonctions eût été contraire au principe de la loi et ne pouvait pas être acceptée. S'il a été déjà fait emploi des capitaux d'une manière régulière, même dans la maison de commerce du tuteur, les sommes ne sont plus disponibles et il n'y a pas lieu à un nouveau placement. Le tuteur doit seulement soumettre cette situation au conseil de famille et demander son approbation, s'il veut éviter toute difficulté ultérieure. Mais si des capitaux touchés par le tuteur antérieurement à la promulgation de la loi n'ont pas été placés, si le tuteur les a employés à ses affaires personnelles, ces sommes sont en réalité disponibles et il doit en être fait emploi.

Cette distinction, qui garantit le respect des actes préexistants, a motivé le retrait de l'amendement. M. Denormandie l'a expliqué au Sénat en ces termes : « En cas de tutelle des père et mère, les capitaux touchés par le tuteur doivent être employés, aussi bien que ceux touchés par le tuteur datif. Le conseil de famille ne peut dispenser aucun tuteur de faire emploi. Lors de la première délibération, l'honorable M. Raoul Duval avait eu, je crois, la même préoccupation que M. Griffe. On craignait que la loi ne vînt porter un certain trouble dans les affaires en général, et spécialement dans les situations acquises, dans les emplois faits. Nous avons déclaré et je déclare encore aujourd'hui que la loi nouvelle respecte les engagements préexistants et les droits des tiers (1). »

Au surplus, la question en ce qui concerne l'emploi des capitaux touchés par le tuteur antérieurement à la promulgation

(1) Séance du Sénat, 5 février 1880. *Journal offic.* du 6 février.

de la loi, n'a aujourd'hui d'intérêt que pour apprécier la responsabilité du tuteur alors en fonctions, qui n'aurait pas fait emploi de ces capitaux dans les trois mois de cette promulgation. Ce délai étant depuis longtemps expiré, l'art. 9 de la loi du 27 février 1880 n'a plus d'autre effet que d'assimiler d'une manière complète le tuteur déjà en fonctions, au moment où la loi est devenue exécutoire, à celui nommé depuis cette époque. Toutefois, cet article ne peut pas être considéré comme une disposition simplement transitoire, puisqu'il soumet pour l'avenir ce tuteur à toutes les obligations prescrites par la loi, pour l'aliénation des valeurs mobilières ou meubles incorporels appartenant au mineur, la conversion en titres nominatifs des titres au porteur, et l'emploi des capitaux qui adviendront au pupille pendant le cours de la tutelle. Enfin, il empêche que ce tuteur ne puisse demander la conversion de titres nominatifs en titres au porteur, sans se soumettre aux formes prescrites pour l'aliénation de ces titres.

Le même article déclare que les mineurs émancipés antérieurement à la promulgation de la loi sont assimilés à ceux qui n'ont obtenu leur émancipation que depuis cette époque, et régis dès lors par l'art. 4 dont nous avons fait connaître les dispositions. Mais par une conséquence regrettable de la rédaction de ce dernier article, cette disposition n'est applicable qu'aux mineurs qui ont été émancipés au cours de la tutelle, et ne peut pas être étendue aux mineurs émancipés par le mariage, ni même à ceux qui l'auraient été par leurs parents au cours de leur union.

136. Aucune disposition du projet de loi ne prévoyait son application aux colonies. A cet égard, il y a toujours lieu de faire une distinction. Aux termes du sénatus-consulte du 3 mai 1854, les colonies de la Martinique, de la Guadeloupe et de la Réunion sont soumises à la législation civile de la métropole; les autres sont régies par des décrets qui peuvent y ordonner l'application des lois modifiant les règles du droit commun. Au cours de la seconde délibération de la loi du 27 février 1880, devant le Sénat, MM. Schœlcher, Desmaze et Laserve présentèrent un amendement contenant un article additionnel à l'effet de rendre la loi applicable aux colonies. Plus tard, ils modifièrent leur proposition pour se conformer à la distinction résultant du sénatus-consulte du 3 mai 1854, et proposèrent de

rédiger l'article additionnel en ces termes : « Les dispositions de la présente loi seront applicables aux colonies de la Martinique, de la Guadeloupe et de la Réunion. » Cette modification de rédaction était fondée sur ce que ces trois colonies sont placées sous un régime légal qui permet que les lois générales puissent y être rendues applicables, tandis que pour les autres un décret est nécessaire pour y rendre exécutoires les lois votées en France.

La commission accepta cet article additionnel, qui fut complété, lors de la discussion à la Chambre des députés, par l'adjonction de l'Algérie, ce qui était inutile, puisque l'Algérie est complètement soumise aux lois qui régissent le territoire de la France. La commission du Sénat, en acceptant l'article additionnel qui était proposé, y ajouta une disposition d'une certaine importance. Si le tuteur habitant une colonie doit convertir en titres nominatifs des valeurs au porteur appartenant au mineur ou à l'interdit, ou faire emploi de leurs capitaux, il est soumis aux délais déterminés par la loi, s'il peut réaliser ces opérations dans sa colonie. Mais si la conversion ou l'emploi doivent être opérés en France, il y aura nécessité d'augmenter ces délais. La commission a pensé qu'il était utile de régler cette augmentation des distances par une disposition expresse, afin d'éviter toute contestation sur ce point (1). En conséquence, l'article additionnel ajouté au projet, accepté par les deux Chambres et qui est devenu l'art. 11 de la loi, a été ainsi rédigé :

« Les dispositions de la présente loi sont applicables à l'Algérie et aux colonies de la Martinique, de la Guadeloupe et de la Réunion. Les délais, en ce qui concerne ces colonies, seront, quand il y a lieu, augmentés des délais supplémentaires fixés à raison des distances par la loi du 3 mai 1862. »

Cette rédaction contient une erreur qui rend l'article incomplet. La loi du 3 mai 1862, qui a modifié l'ancien art. 73 du Code de procédure civile, est bien applicable à l'Algérie ; mais elle ne concerne point les colonies de la Martinique, de la Guadeloupe, ni de l'île de la Réunion, pour lesquelles les délais supplémentaires ont été fixés par deux décrets du 22 avril 1863. L'art. 11 aurait dû viser ces décrets. Le rapporteur de la com-

(1) Séance du Sénat, 25 mai 1878. *Journal offic.* du 6 mai.

mission s'est aperçu de cette inexactitude lors du renvoi de la loi au Sénat, après le vote de la Chambre des députés. Il n'a point cru nécessaire de modifier l'article, ce qui eût entraîné un nouveau renvoi à la Chambre des députés. Il s'est borné à signaler cette erreur dans son rapport en ajoutant : « Il est bien entendu que ces décrets du 22 avril 1863, quoique non mentionnés dans l'art. 11, recevront leur exécution (1). »

137. Il importait de rendre exécutoire dans toutes les colonies une loi si importante pour la garantie de la fortune mobilière des mineurs et des interdits, et qui complète en certains points les règles du droit civil concernant la tutelle. Un décret du 8 avril 1880 a pourvu à cette nécessité dans les termes suivants :

« Art. 1er. La loi du 27 février 1880, relative à l'aliénation des valeurs mobilières appartenant aux mineurs et interdits, et à la conversion de ces mêmes valeurs en titres au porteur, est rendue exécutoire dans les colonies de la Guyane, du Sénégal, des établissements français de l'Inde, de la Cochinchine, de la Nouvelle-Calédonie, des établissements français de l'Océanie, de Saint-Pierre et Miquelon, de Mayotte, de Nossi-Bé et du Gabon.

« Art. 2. Les délais en ce qui concerne les colonies mentionnées à l'art. 1er du présent décret seront, quand il y aura lieu, augmentés des délais supplémentaires fixés à raison des distances par la législation en vigueur dans chacune de ces colonies (2). »

Bien que ce décret ne parle que des valeurs mobilières appartenant aux mineurs et interdits, il s'applique nécessairement, comme la loi elle-même, aux autres meubles incorporels, et il s'étend aux mineurs émancipés et aux aliénés non interdits placés dans les établissements hospitaliers publics ou privés. Son but est de rendre exécutoires dans les colonies toutes les dispositions de la loi, telles qu'elles sont appliquées sur le territoire français.

138. L'art. 12 et dernier de la loi du 27 février 1880 contient l'abrogation de la loi du 24 mars 1806 et du décret du 25 septembre 1813, qui autorisaient les mineurs ou interdits à vendre,

(1) Deuxième rapport de M. Denormandie, 17 décembre 1879. *Journal offic.*, 26 janvier 1880.
(2) S. V. *Lois annotées*, 1880, p. 587.

sans autorisation du conseil de famille, les inscriptions de rente sur l'Etat inférieures à 50 fr., et une action de la Banque de France ou les portions d'actions ne dépassant pas la valeur d'une action. Nous n'avons pas à revenir sur cette disposition dont nous avons fait connaître la portée, en examinant les conséquences des obligations imposées au tuteur par l'art. 1er de la loi (1).

Cette abrogation est regrettable, en ce qu'elle assujettit le tuteur qui veut aliéner des titres sans importance, aux mêmes formalités que lorsqu'il s'agit de céder des valeurs plus considérables. Mais le législateur n'a point cru devoir s'arrêter devant cette considération; il a trouvé préférable de rendre la loi applicable à toutes les créances ou titres composant la fortune mobilière du mineur, sans autre distinction que celle admise par l'art. 2, concernant l'homologation de la délibération du conseil de famille.

L'art. 12 est complété par une disposition générale abrogeant les lois antérieures qui seraient contraires aux dispositions de la nouvelle loi. Cet article est ainsi conçu : « La loi du 24 mars 1806 et le décret du 25 septembre 1813 sont abrogés ; sont également abrogées toutes les dispositions des lois qui seraient contraires à la présente loi. »

Il serait difficile de préciser à quelles dispositions s'applique cette abrogation générale. Les règles du Code civil, concernant la tutelle, ont été plutôt complétées que modifiées par la loi nouvelle. Toutefois elle restreint le droit de convertir les titres nominatifs en titres au porteur, que la jurisprudence avait reconnu appartenir au tuteur, comme conséquence de l'administration qui lui est confiée, droit qui lui est retiré par l'art. 10 de la loi du 27 février 1880. L'abrogation générale de l'art. 12 peut trouver d'autres applications qu'il est impossible de prévoir, au sujet des contestations qui s'élèvent sur les droits ou les obligations des tuteurs.

139. La loi du 27 février 1880, dont nous venons d'étudier les dispositions, aura certainement des résultats utiles pour la conservation de la fortune mobilière des mineurs et des interdits. Elle met un terme aux contestations soulevées sur les pouvoirs ou obligations des tuteurs, concernant l'aliénation des valeurs

(1) Voir *suprà*, nos 15 et suiv.

mobilières appartenant à leurs pupilles. Elle supprime les dangers que présentaient les décisions de la jurisprudence qui leur reconnaissait le droit de convertir les titres nominatifs en titres au porteur. Elle comble une lacune qui existait dans le Code civil, en régularisant l'emploi des capitaux des mineurs et des interdits, et garantit ainsi leur richesse mobilière dont les rédacteurs du Code avaient négligé de s'occuper, parce qu'ils ne pouvaient pas en prévoir le développement. Il est indispensable d'assurer l'exécution d'une loi si utile aux intérêts des mineurs, et les juges de paix, appelés à présider les conseils de famille au moment de l'ouverture de la tutelle, doivent considérer comme un devoir sérieux de leurs fonctions d'appeler sur ce point l'attention des tuteurs et des subrogés tuteurs.

Pour faciliter l'accomplissement de ce devoir, M. le garde des sceaux a adressé, le 20 mai 1880, aux procureurs généraux une circulaire à laquelle nous avons déjà fait quelques emprunts, et dont il est utile de citer textuellement le dernier paragraphe : « Je vous prie, Monsieur le procureur général, dit cette circulaire, d'assurer le fonctionnement de la loi nouvelle, et je vous laisse le soin d'adresser aux juges de paix de votre ressort des instructions plus complètes. A raison de leurs fonctions qui les appellent à présider les conseils de famille, c'est à eux qu'il appartient surtout de veiller à ce que les dispositions de cette loi soient scrupuleusement observées. Afin qu'elles soient plus rapidement connues et comprises, il sera utile qu'ils en donnent connaissance, le cas échéant, aux tuteurs et aux subrogés tuteurs, ainsi qu'aux membres des conseils de famille, lorsqu'ils auront occasion de les réunir. Ces magistrats devront s'attacher à ce que la rédaction des délibérations autorisant des aliénations soit claire et explicite, et à ce qu'elles contiennent les mentions indiquées plus haut (1), pour que les agents du Trésor et des compagnies financières

(1) La circulaire indique ces mentions en ces termes : « Pour éviter toute incertitude en ce qui concerne l'homologation des délibérations, il conviendra d'y insérer les formules suivantes : si la valeur du titre, rentes sur l'Etat, obligations de chemins de fer, etc., n'excède pas 1,500 francs en capital, on ajoutera : *La valeur des titres dont la désignation précède n'excédant pas* 1,500 *francs, la présente délibération n'est pas soumise à l'homologation du tribunal.* Dans l'hypothèse contraire, la délibération contiendra cette mention : *La valeur du titre ou des titres dont la désignation précède excédant* 1,500 *francs, la délibération sera soumise à l'homologation du tribunal.* »

puissent sans hésitation reconnaître s'ils doivent ou non exiger la production d'une homologation judiciaire; ils devront surtout s'opposer, autant que cela pourra dépendre de leurs efforts, aux délibérations irrégulières. Vous aurez à leur rappeler également l'art. 1er du décret du 18 juin 1864. D'après cet article, les titres de rentes nominatifs munis de coupons au porteur ne peuvent être délivrés qu'aux rentiers ayant la pleine disposition de leurs inscriptions. Les conseils de famille ne pourront donc pas désigner les titres de cette catégorie comme devant être acquis par le tuteur pour faire emploi des fonds d'un mineur (1). »

Pour se conformer à ces instructions, les juges de paix doivent, au moment de la réunion du conseil de famille convoqué pour la nomination d'un tuteur, ou pour celle du subrogé tuteur en cas de tutelle légale, s'enquérir auprès des parents du mineur de la situation de sa fortune, non pas au point de vue de son importance, mais de manière à savoir si elle contient des valeurs mobilières ou d'autres meubles incorporels. Dans le cas de l'affirmative, ils doivent faire connaître au tuteur, en présence du subrogé tuteur, l'obligation que lui impose la loi de convertir tous les titres au porteur en titres nominatifs, dans un délai de trois mois du jour de l'ouverture de la tutelle. Ils doivent en outre l'avertir que, s'il devient nécessaire d'aliéner quelques-unes de ces valeurs mobilières, la vente n'en pourra pas être opérée sans une autorisation spéciale du conseil de famille, et lui rappeler l'obligation qui lui est imposée de faire emploi, dans le même délai de trois mois, de tous capitaux provenant soit de cette aliénation, soit de remboursement, à moins que le conseil de famille n'en ait décidé autrement. Si les juges de paix prennent l'habitude d'instruire le tuteur, dès le jour de sa nomination, des devoirs que la loi de 1880 lui impose, ces dispositions seront bientôt connues de tous et leur exécution deviendra certaine.

De leur côté, les officiers ministériels, les notaires chargés des liquidations de successions dans lesquelles des titres mobiliers seront attribués aux mineurs, les agents de change appelés à négocier ces titres, devront surveiller avec soin l'accomplissement des formes prescrites par la loi pour l'aliénation des

(1) Circul. min. de la justice, 20 mai 1880. S. V. *Lois annotées*, 1880, p. 553.

meubles incorporels. Ils engageraient leur responsabilité personnelle, s'ils se prêtaient à faciliter la cession de certains titres, notamment de titres au porteur, sans réclamer la justification de l'autorisation du conseil de famille. Il en est de même des agents des compagnies industrielles et financières, qui pourraient s'exposer à des recours en garantie, s'ils consentaient à opérer des transferts sans exiger ces justifications.

140. En résumé, la loi du 27 février 1880, sans modifier les règles du droit commun, les a étendues et complétées, et elle impose aux tuteurs des mineurs et interdits, et aux mineurs émancipés au cours de la tutelle, de nouvelles obligations auxquelles ils doivent strictement se conformer. Elle étend également le devoir de surveillance du subrogé tuteur. Enfin elle détermine, dans les diverses hypothèses auxquelles elle s'applique, les nouvelles attributions conférées aux administrateurs provisoires des biens des aliénés non interdits, aux conseils de surveillance de l'Assistance publique et aux commissions administratives des établissements d'aliénés. Ces différentes personnes doivent s'informer avec soin s'il existe des valeurs mobilières et notamment des titres au porteur, dans la fortune des incapables dont la gestion ou l'administration leur est confiée, et dans ce cas, saisir sans retard les conseils de famille ou les commissions qui les remplacent, des questions qu'ils ont à décider en ce qui concerne l'aliénation, la conversion ou le dépôt de ces valeurs, et la fixation des délais dans lesquels ces opérations devront être faites, si ceux déterminés par la loi paraissent insuffisants. Bien que le législateur n'ait attaché aucune sanction pénale au défaut d'accomplissement des formalités et obligations qu'il prescrit, les personnes auxquelles ces dispositions sont applicables pourraient être déclarées responsables, en vertu des règles du droit commun, si, par leur négligence ou l'oubli de leurs obligations, la fortune des mineurs se trouvait amoindrie ou compromise. Nous espérons, comme le rapporteur de la loi, que les tuteurs et les administrateurs qui leur sont assimilés comprendront assez bien leurs devoirs pour qu'il n'y ait pas lieu de craindre de semblables éventualités, ni de regretter l'absence d'une sanction plus rigoureuse.

APPENDICE

Loi du 27 février 1880.

Article premier. — Le tuteur ne pourra aliéner, sans y être autorisé préalablement par le conseil de famille, les rentes, actions, parts d'intérêts, obligations et autres meubles incorporels quelconques appartenant au mineur ou à l'interdit.

— Le conseil de famille, en autorisant l'aliénation, prescrira les mesures qu'il jugera utiles.

Art. 2. — Lorsque la valeur des meubles incorporels à aliéner dépassera, d'après l'appréciation du conseil de famille, quinze cents francs (1,500 fr.) en capital, sa délibération sera soumise à l'homologation des tribunaux, qui statueront en la chambre du conseil, le ministère public entendu, le tout sans dérogation à l'art. 883 du Code de procédure civile.

— Dans tous ces cas, le jugement sera rendu en dernier ressort.

Art. 3. — L'aliénation sera opérée par le ministère d'un agent de change, toutes les fois que les valeurs seront négociables à la Bourse, au cours moyen du jour.

Art. 4. — Le mineur émancipé au cours de la tutelle, même assisté de son curateur, devra observer, pour l'aliénation de ses meubles incorporels, les formes ci-dessus prescrites à l'égard du mineur non émancipé.

— Cette disposition ne s'applique pas au mineur émancipé par le mariage.

Art. 5. — Le tuteur devra, dans les trois mois qui suivront l'ouverture de la tutelle, convertir en titres nominatifs les titres au porteur appartenant au mineur ou à l'interdit, et dont le conseil de famille n'aurait pas jugé l'aliénation nécessaire ou utile.

— Il devra également convertir en titres nominatifs les titres au porteur qui adviendraient au mineur ou à l'interdit, de quelque manière que ce fût, et ce, dans le même délai de trois mois à partir de l'attribution définitive ou de la mise en possession de ces valeurs.

— Le conseil de famille pourra fixer, pour la conversion, un terme plus long.

— Lorsque, soit par leur nature, soit à raison de conventions, les valeurs au porteur ne seront pas susceptibles d'être converties en titres nominatifs, le tuteur devra, dans les trois mois, obtenir du conseil de famille l'autorisation, soit de les aliéner avec emploi, soit de les conserver; dans ce dernier cas, comme dans celui prévu par le paragraphe précédent, le conseil pourra prescrire le dépôt des titres au porteur, au nom du mineur ou de l'interdit, soit à la Caisse des dépôts et consignations, soit entre les mains d'une personne ou d'une société spécialement désignée.

— Les délais ci-dessus ne seront applicables que sous la réserve des droits des tiers et des conventions préexistantes.

Art. 6. — Le tuteur devra faire emploi des capitaux appartenant au mineur ou à l'interdit, ou qui leur adviendraient par succession ou autrement, et ce, dans le délai de trois mois, à moins que le conseil ne fixe un délai plus long, auquel cas il pourra en ordonner le dépôt comme il est dit en l'article précédent.

— Les règles prescrites par les articles ci-dessus et par l'article 455 du Code civil seront applicables à cet emploi.

— Les tiers ne seront en aucun cas garants de l'emploi.

Art. 7. — Le subrogé tuteur devra surveiller l'accomplissement des formalités prescrites par les articles précédents. Il devra, si le tuteur ne s'y conforme pas, provoquer la réunion du conseil de famille, devant lequel le tuteur sera appelé à rendre compte de ses actes.

Art. 8. — Les dispositions de la présente loi sont applicables aux valeurs mobilières appartenant aux mineurs et aliénés placés sous la tutelle, soit de l'administration de l'Assistance publique, soit des administrations hospitalières.

— Le conseil de surveillance de l'administration de l'Assistance publique et les commissions administratives rempliront, à cet effet, les fonctions attribuées au conseil de famille.

— Les dispositions de la présente loi sont également applicables aux administrateurs provisoires des biens des aliénés, nommés en exécution de la loi du 30 juin 1838.

Art. 9. — Les tuteurs entrés en fonctions et les mineurs émancipés antérieurement à la présente loi, seront tenus de s'y conformer. Les délais courront pour eux à partir de la promulgation.

Art. 10. — La conversion de tous titres nominatifs en titres au porteur est soumise aux mêmes conditions et formalités que l'aliénation de ces titres.

Art. 11. — Les dispositions de la présente loi sont applicables à l'Algérie et aux colonies de la Martinique, de la Guadeloupe et de la Réunion. Les délais, en ce qui concerne ces colonies, seront, quand il y aura lieu, augmentés des délais supplémentaires fixés, à raison des distances, par la loi du 3 mai 1862.

Art. 12. — La loi du 24 mars 1806 et le décret du 25 septembre 1813 sont abrogés.

— Sont également abrogées toutes les dispositions des lois qui seraient contraires à la présente loi.

Décret du 8 avril 1880.

Le Président de la République française,

Sur le rapport du Ministre de la marine et des colonies et du Garde des sceaux, Ministre de la justice.

Vu l'art. 18 du sénatus-consulte du 3 mai 1854;

Vu la loi du 27 février 1880, relative à l'aliénation des valeurs mobilières appartenant aux mineurs et aux interdits, et à la conversion de ces mêmes valeurs en titres au porteur,

Décrète :

Article premier. — La loi du 27 février 1880, relative à l'aliénation des valeurs mobilières appartenant aux mineurs et aux interdits, et à la conversion de ces mêmes valeurs en titres au porteur, est rendue exécutoire dans les colonies de la Guyane, du Sénégal, des établissements français de l'Inde, de la Cochinchine, de la Nouvelle-Calédonie, des établissements français de l'Océanie, de Saint-Pierre et Miquelon, de Mayotte, de Nossi-Bé et du Gabon.

Art. 2. — Les délais, en ce qui concerne les colonies mentionnées en l'art. 1er du présent décret, seront, quand il y aura lieu, augmentés des délais supplémentaires fixés à raison des distances, par la législation en vigueur dans chacune de ces colonies.

Art. 3. — Le Ministre de la marine et des colonies et le Garde des sceaux, Ministre de la justice, sont chargés.....

Circulaire du Directeur de la Dette inscrite (Ministère des finances) aux trésoriers-payeurs généraux, sur l'exécution de la loi du 27 février 1880 relativement aux rentes sur l'État.

(10 mars 1880.)

Le *Journal officiel* du 28 février dernier contient la promulgation de la loi concernant l'aliénation des valeurs mobilières appartenant aux mineurs et aux interdits. Cette loi introduit dans la législation spéciale des rentes, des modifications essentielles dont il importe que vous vous pénétriez, attendu que vous serez appelé, soit à en faire une application directe, soit à renseigner les intéressés sur la portée de ces changements.

I. *Abrogation de la loi du 24 mars 1806.* — L'innovation la plus considérable consiste dans l'abrogation de la loi du 24 mars 1806, qui, jusqu'à ce jour, avait servi de règle fondamentale à la dette inscrite pour tous les transferts de rentes intéressant les mineurs et les interdits.

II. *Nécessité d'une délibération du conseil de famille.* — D'après cette loi, les rentes sur l'Etat pouvaient être aliénées par le tuteur sans aucune autorisation du conseil de famille, pourvu que la quotité de ces rentes ne dépassât pas 50 francs. Désormais, une délibération du conseil de famille sera nécessaire dans tous les cas, et quelle que soit la valeur de l'inscription à transférer (art. 1er).

III. *Cas où l'homologation sera nécessaire.* — Cette délibération sera soumise à la formalité de l'homologation par le tribunal, si la rente à aliéner doit produire une somme supérieure à 1,500 francs (art. 2). Il n'y a pas à se préoccuper des différences que pourraient entraîner les fluctuations qui se produiraient dans les cours, entre la date de la délibération et celle du transfert. La responsabilité des agents de l'administration est couverte par l'appréciation du conseil de famille.

IV. *Des droits du père administrateur légal.* — Jusqu'à ce jour, le Trésor avait fait une assimilation complète entre la situation du tuteur et celle du père administrateur légal des biens de ses enfants mineurs. Il se fondait sur ce principe de droit, qu'un administrateur ne pouvait puiser dans sa seule qualité le pouvoir de consentir une aliénation. Le transfert d'une rente au-dessus de 50 francs possédée par un mineur placé sous l'administration légale de son père, n'était donc admis par le Trésor que s'il était justifié d'une autorisation du conseil de famille, ou, à défaut de cette autorisation, d'un jugement de la chambre du conseil.

Cette manière de procéder, contre laquelle s'étaient élevés plusieurs jurisconsultes et qu'avait combattue un jugement du tribunal de la Seine en date du 17 décembre 1876 (affaire des mineurs Faure), doit être aujourd'hui définitivement abandonnée. La question est tranchée dans le sens de la négative, sinon par le texte même de la nouvelle loi, du moins par la discussion dont elle a été l'objet, tant au Sénat qu'à la Chambre des députés. Il résulte d'ailleurs du rapport présenté au Sénat par M. Denormandie qu'en réalité cette loi est faite *contre les tuteurs, en sorte qu'elle n'est applicable en principe que là où il y a tutelle.* Peu importe, du reste, que cette tutelle soit légale ou dative.

Le père administrateur pourra donc désormais transférer les rentes appartenant à son fils mineur, sans aucune autorisation, quelle qu'en soit la quotité. La qualité d'administrateur sera suffisamment constatée, soit par l'énonciation faite dans une procuration ou un certificat de propriété, soit même par l'indication portée sur le titre de rente, en cas de transfert simple, sans que le Trésor ait à rechercher si un changement est survenu entre la date des procuration, certificat de propriété, ou inscription, et la date du transfert.

V. *Des mineurs émancipés.* — L'art. 4 déclare les dispositions précédentes applicables aux mineurs émancipés, lorsque l'émancipation a lieu au cours de la tutelle. Mais les mêmes formalités ne doivent plus être exigées, quand le mineur a été émancipé pendant le mariage de ses père et mère ou lorsque l'émancipation résulte du mariage par lui contracté. Le premier point a été nettement expliqué dans la discussion, en réponse à une question qu'avait posée par écrit M. le ministre des finances. Le second point est prévu par le dernier paragraphe de l'art. 4.

Il ne peut y avoir de ce chef aucune difficulté d'interprétation. Le service des transferts ne demandera plus de délibération du conseil de famille, ni pour le mineur émancipé par ses père et mère, ni pour la femme mineure agissant avec le concours de son mari.

VI. *Successions vacantes. — Héritiers bénéficiaires.* — L'article 12 portant abrogation expresse de la loi du 24 mars 1806, on doit considérer comme implicitement rapportés l'avis du conseil d'Etat du 15 septembre 1807, approuvé le 18 du même mois, et celui du 17 novembre 1807, approuvé le 11 janvier suivant, qui en avaient étendu le bénéfice aux ouvertures des successions vacantes et aux héritiers bénéficiaires. en leur accordant la faculté de vendre les rentes de 50 francs et au-dessous, sans autorisation judiciaire. Cette disposition annule en conséquence les art. 12 et 13 de l'instruction du 1er mai 1819.

VII. *La conversion en rentes au porteur constitue une véritable aliénation.* — Je ne vous parlerai que pour mémoire de l'article 10, relatif à la conversion des titres nominatifs en titres au porteur. Cet article a une grande importance pour les valeurs mobilières autres que les rentes. Il a eu pour but de réagir législativement contre un arrêt de la Cour de cassation du 4 août 1873, qui déclarait que la conversion des titres nominatifs en titres au porteur ne constituait pas une aliénation, mais simplement un acte d'administration. Cet arrêt ne pouvait avoir d'influence sur les rentes, qui n'y étaient pas formellement visées, et qui se trouvaient soumises à une législation absolument contraire.

En résumé, l'ordonnance du 20 avril 1831 (art. 2), concernant les rentes au porteur, et le décret du 18 juin 1864 (art. 1er), concernant les rentes mixtes, restent en vigueur. L'art. 10 n'a fait que généraliser pour toutes les valeurs mobilières la théorie déjà mise en pratique pour les rentes sur l'Etat.

TABLE DES MATIÈRES

Pages.

PROLÉGOMÈNES 1

CHAP. I. De l'aliénation des valeurs mobilières ou autres meubles incorporels 7

CHAP. II. De l'obligation de convertir les valeurs au porteur en titres nominatifs 47

CHAP. III. De l'obligation de faire emploi des capitaux du mineur. — Surveillance du subrogé tuteur 74

CHAP. IV. Des diverses applications de la loi 110

APPENDICE

Loi du 27 février 1880 147

Décret du 8 avril 1880 149

Circulaire du directeur de la Dette inscrite (10 mars 1880)... 150

Paris. — Imprimerie de Ch. Noblet, 13, rue Cujas. — 1882.

OUVRAGES DU MÊME AUTEUR

Traité théorique et pratique des valeurs mobilières et effets publics, rentes sur l'État, actions de la Banque, obligations foncières et communales, actions et obligations des sociétés commerciales, titres nominatifs et au porteur, et de la législation qui les régit, comprenant un commentaire de la loi du 15 juin 1872. *Deuxième édition* 1881. 1 vol. in-8 . . . . 12 »

Traité théorique et pratique des opérations de la Bourse, transferts, mutations et conversions des rentes et autres valeurs mobilières, marchés au comptant et à terme, jeux de Bourse, etc., et des actions judiciaires auxquelles ils donnent naissance. 1 vol. in-8. 1877. . 9 »

Etude économique sur les titres au porteur, couronnée par l'Académie de législation de Toulouse. Brochure in-8. 1875 . . . . 2 »

Des titres au porteur perdus, volés ou détruits, et des moyens d'en recouvrer la jouissance. Brochure in-8. 1873. . . . . 2 »

Etude sur L'Instruction et la procédure criminelle en France et en Angleterre. Brochure in-8. 1860 2 »

De la justice civile en Angleterre. Brochure in-8. 1863 . . . . 2 50

Etude historique sur les origines du jury. Brochure in-8. 1862. . . . . 2 »

Paris. — Imprimerie de Ch. Noblet, 13, rue Cujas. — 9311

www.ingramcontent.com/pod-product-compliance
Ingram Content Group UK Ltd.
Pitfield, Milton Keynes, MK11 3LW, UK
UKHW020151220726
13923UKWH00001B/479

9 782019 640767